巨大企業危機

「権腐10年」の法則

藤井義彦
Fujii Yoshihiko

さくら舎

はじめに

日本人は総じていまを肯定し、変わることを恐れる傾向があります。会社についてもそうです。「トップが変わったぐらいでは、会社は何も変わらないよ」と嘆く人が世の中にはいます。しかし、私はそれには賛同できません。むしろ、「会社はトップ次第でいかようにでも変わることができる」し、トップの人選、トップの力量ひとつで会社は輝かしく成長したかと思うと、惨憺《さんたん》たる敗北企業となることもあるのです。

1人のトップが多くの社員の運命を握る。良くも悪くもそれが組織であり、だからこそトップは慎重に選ばなければならないし、トップ自身、自らが会社や社員の命運を握っているという自覚が求められます。

私は大学を卒業したのち、カネボウに入社、営業や企画部門を経て1995年、55歳で退社しています。カネボウの法人格が消滅する13年前のことです。以来、外資系企業の日本法人社長を8年務めたのち、スタンフォード大学やハーバード大学ビジネススクールのAMPで学んだことを生かしてエグゼクティブ・コーチとして数多くの管理職やトップ層と接してきましたが、こうした経験を通して痛感したのが経営者に欠くことのできない2つの資質です。

一つは、経営者はどんな環境にあっても必ず「正しい方法」で利益を出さなければならないということであり、もう一つは経営者は成功を重ねるにつれてエゴが増大し、いつしか「私心」が出てくるだけに、自らがやっていることを「これは善なるかな?」「これは正しいのか?」と謙虚に問い直し、よく自省し、自制する必要があるということです。

本書に取り上げた企業はいずれも堂々たる企業であり、なかには時代の寵児として名を馳せた経営者も少なくありません。しかし、それほどの企業、それほどの経営者であってもそこにエゴが強く出てくると、社会や時代とのズレを生み、企業をあっという間に危機へと追い込んでしまうのです。反対にエゴを抑え、自ら改革の先頭に立った経営者は危機に陥った企業を再建することに成功しています。

かつての高度成長期はある意味、どんな経営者でも企業を成長させることができましたが、今日のようなグローバル競争の時代には、経営者の力量次第で企業の運命は大きく変わることになります。どんな名門企業、どんな大企業でも、この運命を逃れることはできないと自覚する必要があります。力なきトップ、私利私欲、名誉欲で動く経営者に率いられた会社と社員には悲惨な終幕が用意されています。

だからこそ社員は、経営者の力量や人間性にもっと厳しい目を向けなければならないし、日ごろから自分を磨き、どこにでも通用する人間にならなければなりません。一方、経営者や管理層は「私は責任を果たしているか」と自問し、若い頃の何倍も学び、己を磨くことが必要です。出世とはゴールではなく新たな学びの出発点なのです。

企業や組織はトップ次第で変わることができます。いま、日本の企業は一部を除いてかつての輝きを失いつつありますが、だからこそトップは変わらなければならないし、トップが変われば日本も企業も変わることができるのです。

本書が、いまという時代を生きるみなさまのお役に立つことができれば望外の幸せです。

藤井義彦

目次◎巨大企業危機――「権腐10年」の法則

第2章　「成功」ゆえの失敗

第4章　「権腐10年」の分かれ道

参考文献　194

巨大企業危機
――「権腐10年」の法則

第1章　名門企業の失敗

カネボウ・伊藤淳二の失敗

私は「カネボウの出身」ですが、いまでは「カネボウ」と言ってもあまりピンとこない人が増えています。戦前には「日本最大の会社」と言われ、戦後の一時期は経営者・伊藤《いとう》淳二《じゅんじ》氏が「ペンタゴン経営」や「ＪＡＬの再建」に乗り出すことで「時代の寵児」ともてはやされたこともありましたが、その後は数々の問題を経て２００７年に解散決議を行って、２００８年にトリニティ・インベストメント株式会社に清算目的で吸収合併されています。

繊維事業はＫＢセーレンなどいくつかの企業に譲渡され、ホームプロダクツ・製薬・食品事業はクラシエグループが継承、化粧品事業とブランド商標権は花王の子会社カネボウ化粧品に売却されたため、「カネボウ」という名前はいまやカネボウ化粧品だけが名乗っています。一体なぜこのような事態に陥ったのかを、一時期、その内部にいた人間として見ていきたいと思います。

ボーナス35ヶ月分

カネボウの創業は古く、１８８７年、当時は通称「鐘ヶ淵《かねがふち》」と呼ばれた現在の東京都墨田区墨田に東京綿商社として創立、紡績会社として創業しています。戦前の繊維産業は現在の自動車産業に匹敵するほどの日本の基幹産業であり、カネボウは武藤山治《むとうさんじ》氏の下、国内企業ナンバーワンの売り上げを誇る企業へと成長しました。

戦前のカネボウは、日本はもちろん、中国、台湾、ボルネオといったアジア全域に２００を超える工場や鉱区（鉱物の試掘または採掘を許可された区域）を所有する一大コンツェルンでした。まさに日本を代表する企業であり、繊維事業のほかにも重工業から化学工業、航空機産業から牧畜農業までを手掛け、史上最大の民間企業とも称されたほどです。

しかし、第二次世界大戦によって大きな痛手を負っています。国内78ヶ所、海外１２３ヶ所の事業所が壊滅したと言われていますから、その規模がいかに巨大なものだったかがよく分かります。

戦後はＧＨＱによって解体させられたものの、１９５０年の朝鮮戦争による朝鮮特需の頃には、再び大変な好況を経験しています。

同年、カネボウの半期の売り上げは、前期比2・6倍の160億円に達し、経常利益が80億円、純利益は40億円を記録しています。

なぜそれほどの利益を上げることができたのでしょうか。当時の繊維業界を表すのが「ガチャ万景気」という言葉です。機械を一回ガチャンと動かすと、「万」というお金が儲かったと言われるほどの空前の好景気であり、この時期、カネボウは莫大な利益の一部を各社員にボーナスとして還元しています。その額なんと「35ヶ月」分、つまり約3年分の給与が一度に入った計算になるから驚きです。

このボーナスで家を買った社員が続出したと言われていますから、いかにカネボウが好景気を謳歌し、また浮かれていたかがよく分かります。

しかし、当たり前のことですがこうしたバブル的な景気が長続きすることはありません。トヨタ自動車は朝鮮特需の中、好況に浮かれることなく、人を安易に増やすのではなく、機械設備の導入と改善活動によって「いかに少ない人数で生産性を上げていくか」に懸命に取り組むことで、のちの不景気にも負けず、成長し続ける企業をつくり上げることに成功しましたが、カネボウをはじめとする多くの企業はそこまでの努力をすることはありませんでした。

もちろんカネボウの経営陣も懸命に努力はしましたが、繊維事業は3年とか5年の周期で好況と不況をくり返し、１９６０年代に入ると、祖業である繊維業界を取り巻く環境は一段と厳しいものになりました。景気の悪化と、頻発する労使紛争も影響、名門企業カネボウも大きな危機を迎えることとなりましたが、この時期、「救世主」として登場したのが若き経営者・伊藤淳二氏でした。伊藤氏は１９６８年の社長就任から、２００３年に終身名誉会長を勇退するまで、カネボウの最高権力者として君臨することとなりました。

ペンタゴン経営

伊藤氏の社長就任が、カネボウ社員に大きな希望を抱かせたのはたしかです。伊藤氏は武藤会長の「グレーター・カネボウ計画」を引き継ぎ、さらに発展させることで「ペンタゴン経営」（繊維、食品、薬品、住宅、化粧品の5事業を推進する多角化路線のこと）を推進、労使運命共同体論＝労使協調路線による労組の後押しもあり、一時期はカネボウを成長させることに成功しました。

しかし、一方でこの経営路線はのちのちのカネボウに悲劇をもたらす原因ともなりました。労使協調路線はリストラの足かせとなり、ペンタゴン経営は、成功した化粧品事業がそれ以外の不採算事業の損失を補う形となったため、社内から経営上の危機感を薄れさせ、経営刷新を行う機会を奪ったとも言えます。

たしかに一時期のカネボウの化粧品事業はとても華やかなものでした。資生堂と並ぶ化粧品の二大ブランドとして、季節ごとに登場するテレビCMは数々の有名タレントを生み、また数々の大ヒット曲を生むなどしたため、当時の日本では「カネボウ」の名前を知らない人はほとんどいなかったほどの成功をおさめています。

とはいえ、化粧品事業部門が成功すればするほど、不採算事業の整理や抜本的な改革が遅れてしまったのは事実です。多くの企業が多角化で味わう悲劇の一つは、「事業や商品はやたら増え、売り上げも増えたものの、肝心の利益を生むのはほんのごく一部」というものですが、まさにカネボウの多角化も利益を生まない事業を増やし、本来やるべき改革を先送りさせることになってしまいました。

その結果、カネボウと繊維業界でのライバルだった帝人や旭化成、東レなどが、いまも堂々たる企業として存在しているにもかかわらず、かつて日本最大の規模を誇ったカネボウのみが事業の解体、そして倒産へという道を歩むことになったのは、ひとえに経営陣の相次ぐ失敗や失態、さらには危機意識に欠けていた社員にもその原因があったと言わざるを得ません。

ここにカネボウのような名門企業の陥る誤りがあります。カネボウにとって繊維事業は創業以来の祖業であり、カネボウを日本一に押し上げてくれた事業ですが、戦後しばらくすると、カネボウの繊維事業は採算の見込みのない事業であることがはっきりしてきます。ここに大胆にメスを入れることができれば、化粧品事業が好調だっただけに企業としてのカネボウはまた違った道を歩むこともできたはずですが、名門企業ではやはり伝統ある事業の出身者が力を持っており、その事業を「切る」という決断はとても難しいものです。

しかも幸か不幸かカネボウには「先祖伝来の田畑《でんぱた》屋敷」もあったため、これらを売却することで大規模なリストラに着手することなしに企業を延命させることもできました。そして、こうした売るべきものを持っていたことが、さらに経営陣や社員の危機感を薄れさせることになったとも言えます。

それほどに名門意識の強い企業にとって祖業を切ることは難しく、また背水の陣で事業の「選択と集中」に挑むということも難しいのです。

それでもこうした資産の売り食いや、化粧品事業の躍進によって不採算事業をカバーできていたうちは良かったのですが、カネボウの問題は1970年代半ば頃からさまざまな策を弄することで表向きの数字を取り繕おうとした結果、かえって負債を膨らませてしまったことでした。

危機を招いた仮想取引

やり方はさまざまです。

1970年代半ばから合繊《ごうせん》部門が「キャッチボール」や「三角取引」「宇宙遊泳」といった変則的な取引を行うようになり、そのくり返しが在庫簿価を膨れ上がらせ、カネボウに危機を招くことになったと言われています。

「キャッチボール」というのは、品物自体は動かさないで、利益を乗せて売りを立てますが、次に相手に利益を上乗せさせて買い戻しを行うというものです。これを何回もくり返すと品物はちっとも動かないにもかかわらず、たとえば最初は100円の品物が帳簿上は1000円、2000円と膨れ上がることになります。

「三角取引」は、まずA社に商品を売り、A社からB社に転売をしてもらい、翌期以降にB社から仕入れる形で買い取るやり方です。

「宇宙遊泳」というのは、孫会社にあたる毛布メーカー興洋染織とのアクリル事業の取引でカネボウは５００億円を超える損失を出していますが、その損失を先送りするために取った仮想取引の手法です。決算期末に、売れ残った品物をいったん販売会社に買い取らせ、あとでカネボウや子会社などが買い戻します。会社間で何度も転売していく過程で、製品がまるで宇宙を遊泳しているように見えることからつけられた名前です。

このような販売会社や取引先を使って仮想取引を行い、売り上げや利益を水増しするやり方は多くの会社で行われ、しばしば表面化しては問題になっています。

いずれも帳簿の上だけの操作であり、現実のキャッシュが改善されるわけではありません。むしろ帳簿上でも品物が動く際には金利やマージンなどが価格に乗せられるため簿価はどんどんアップして、異常とも言える在庫簿価を形成することになります。

そのため本来は意味がなく、かえって後で苦しむことになるやり方ですが、今日のように子会社を含む連結決算が重視される時代ならともかく、親会社単体の決算が重視されていた時代であれば十分に効果的だったからこそ、カネボウに限らず、さまざまな企業で行われていたというのも事実です。

企業が節税対策として利益を圧縮したり、金融機関からの借り入れのために売り上げや利益を実態よりも良く見せたりしたいという気持ちはよく分かります。カネボウのような名門企業ならなおさら「みっともない決算はできない」という意識もあったかもしれませんが、こうした行為を株式を上場している企業がやると、それは粉飾決算となります。粉飾は一時的には「良く見せる」ことに成功しても、「いつか、いい時代がやってきて、損失を一気に挽回する」奇跡でも起きない限り、最終的には企業を地獄のどん底に叩き落とすことになります。

連鎖する粉飾決算

こうした「粉飾の連鎖」を断ち切るためには、どこかですべての膿を出すことが求められます。カネボウの場合も、たとえば問題を抱えていた興洋染織を早期に整理するといった手を打つことができたなら、粉飾による解体、倒産という悲劇には陥らなかったかもしれませんが、それができなかったところにカネボウ経営陣の弱さがありました。

最終的に粉飾決算など証券取引法違反で逮捕されたのは１９９８年に社長に就任した帆《ほ》足隆《あしたかし》氏や宮原《みやはら》元副社長たちですが、はたして帆足氏に上場企業の経営者としての自覚がどこまであったのかはやや疑問が残ります。帆足氏は粉飾について、概略、次のように語ったことがあります。

「借入金ばかりで、在庫処理がすぐにはできなかった。だから、本社と販社で物品を回遊させる『低稼働』でずっとやってきた。『粉飾』とは言わず、『低稼働』だと言っていた。過去からそんな変な仕組みがずっとあった」

「子会社である興洋染織を僕がバトンタッチした時には、すでに５２４億円の『低稼働』があった。それを損失として公表するわけにはいかない。一応、在庫が回っているんだから、損失の先送りじゃなくて『低稼働』なんだ」

社長就任時には、全体で６０００億円を超える借入金と、とてつもない『低稼働』がカネボウにはあったという。それらを何とかかんとかしながら、「会社のために」会社を生きながらえさせようとやってきた。にもかかわらず、それを「粉飾決算」と言われ、罪を着せられたのではたまらないという主張です。

カネボウにとって影響が大きかったのが２０００年３月期から適用される連結決算中心

の新会計基準の適用でした。それまでのカネボウ単体の決算だけを良く見せればいいというものではなく、子会社を含めての数字が問われるだけに、この時期には子会社の連結外しや、取引先などを利用した架空の売り上げ計上、経費計上の先送りなどありとあらゆる手段を使っています。

２００1年3月期、カネボウは１１6億円の最終利益を計上、自己資本8億円と、連結債務超過を解消、帆足氏は「負の遺産の整理は終わった」と得意満面で記者会見を行っています。これによりカネボウは上場廃止を免れることができましたが、それを可能にしたのはやはり粉飾のくり返しによるものでした。

こうしたやり方は翌期に十分な収益が上げられればともかく、もし次も収益が出ないとすれば、選ぶ道はふたつしかありません。一つは正直に過去の膿を出すことであり、もう一つは次も同じことをくり返すことですが、カネボウの場合は後者でした。

その結果、２００3年度決算では３５５3億円もの債務超過となり、自主再建を断念、カネボウは産業再生機構に支援を要請することとなり、帆足氏ら経営陣は総辞職に追い込まれました。その後、カネボウは２００５年に上場廃止となり、帆足氏たち経営陣と、監査を担当していた中央青山監査法人の公認会計士も逮捕、カネボウ化粧品は花王の１００

%子会社となり、２００７年には倒産となっています。

問題発覚時の対応が命運を分けた

カネボウの粉飾に関わったのは帆足氏だけではありません。歴代の経営陣にも責任がありますし、私のように経営の中枢に関わった人間にも責任があることは否定しません。カネボウの長い歴史の中でもしも誰か1人でも経営者が「過去の膿をすべて出し切って再出発しようじゃないか」という決断をしたなら、カネボウという会社がこの世から消え去ることはなかったのではないかという思いがあるのもたしかです。

しかし、こうしたことを難しくするのはやはり「人」の問題です。カネボウの場合、伊藤氏が35年間も実権を握り続けた影響で、経営者としての真の実力よりも、伊藤氏の暗部をカバーできる人間、伊藤氏が安心して経営を任せることのできる人間が役員やトップになることが多かったように思います。

これでは伊藤氏が手塩にかけて育てた事業に大ナタを振るい、時代に合わせた経営を行うことはできません。過去を全否定しろとは言いませんが、「自分を出世させてくれた」

トップの言ったこと、やったことをただただ踏襲するだけの経営者では、企業を生成発展させていくことなど不可能です。

その結果、長年にわたって問題の先送りを続け、どうにもならなくなって粉飾決算という隠蔽工作を行い、会社を倒産させたわけですから、過去の経営陣が抱いていた「会社のために」というお守りがいかに危ういものかがよく分かります。経営者の優劣は「問題に気づいた」時に決まります。問題を厄介者として先送りにし、闇に葬り去ろうとするのか、問題をはっきりと見えるようにしたうえで自らの責任で対処しようとするかの違いです。

残念ながらカネボウの経営陣には「問題に真摯に対処する姿勢」や「正直さ」が欠けていました。そのため問題はどんどん大きくなり、企業そのものを存亡の危機へと追いやることになってしまいましたが、一方には問題と正面から向き合い、自分の責任で解決することで企業を救い、再生へと導いた経営者もいます。

どんな名門企業、大企業も経営者の判断ミスが重なれば敗北へと向かうほかありません。「なぜあの名門企業は失敗したのか」を知ることは、問題に直面した時、リーダーはどのような姿勢で臨めばいいのかを教えてくれているのです。

東芝・西田厚聰／佐々木則夫／田中久雄の失敗

日本を代表する名門企業の一つ「東芝」を解体寸前にまで追い込んだのは1996年に社長に就任した西室泰三《にしむろたいぞう》氏をはじめとする4代の経営者たちの判断ミスや、決算数字を取り繕うための粉飾の連鎖でした。

東芝と言えば説明するまでもありませんが、「からくり儀右衛門《ぎえもん》」と呼ばれた田中久重《たなかひさしげ》が創業した田中製造所（1875年創業）に由来する、歴史ある名門企業です。のちに日本で初めて家庭用の白熱電球を製造した藤岡市助《ふじおかいちすけ》の白熱舎（1890年創業）の流れを汲む東京電気と合併することで東京芝浦電気が誕生していますが、いずれにしても長く日本を代表する大手電機メーカーであり続けた企業です。

東芝が名門企業と呼ばれるのは、その歴史の古さだけではありません。石坂泰三《いしざかたいぞう》氏や土光敏夫《どこうとしお》氏という、経営者として優れていただけでなく、日本の財界トップとしても君臨した経営者を輩出した企業でもあり、だからこそ東芝という会社は長く尊敬され、「絶対に潰れるはずのない名門企業」と見られていたのです。

　そんな名門企業・東芝に激震が走ったのが２０１５年７月、東芝が第三者委員会に委嘱した報告書によって明らかになった西田厚聰《にしだあつとし》氏、佐々木則夫《ささきのりお》氏、田中久雄《たなかひさお》氏ら歴代トップが不正会計（粉飾）を強要していたという「東芝粉飾決算事件」の発覚でした。

　記者会見に臨んだ田中久雄社長は「２００８年度から14年度第３四半期まで税引き損益で１５００億円の修正が必要」であることを認めたうえで、不正は「幹部の関与のもと組織的に実行された」と明言しています。

　その責任を取って歴代の社長である西田氏、佐々木氏、田中氏の３人のほか、副社長たちも辞任、東芝の経営陣はほぼ総入れ替えになるというほどの重大事に発展しました。もちろんこれは東芝の経営陣の崩壊とも呼べる事件であり、これだけでも大変な出来事でしたが、その後も数年にわたって東芝では数々の問題が起こり、最終的に多くの事業を手放し、ある意味「東芝解体」と言っていいほどの危機に陥ることになりました。

「粉飾体質」への転換

なぜ名門企業・東芝がこのような危機に陥ってしまったのか、その原因を探るとやはり「経営者」の問題に行きつかざるを得ません。粉飾決算の要因はいくつかあります。2006年、東芝はのちに巨額の損失を生むことになったウェスチングハウスの買収を行っていますが、それ以外にも利益を生みにくくなったパソコン事業や半導体事業、そして東日本大震災以降がらりと環境が変わった原子力事業などいくつもの不振事業を抱えていたにもかかわらず、部下に利益水増しの圧力になりかねない「チャレンジ」を要求、「バイセル取引」と呼ばれる手法も横行していたことが粉飾決算につながったと言われています。『東芝の悲劇』（大鹿靖明《おおしかやすあき》）によると、証券取引等監視委員会による「なぜ東芝が粉飾に走り、長年にわたってやり続けたのか」という見立ては下記の通りです。

1、東芝は米ウェスチングハウスを高値づかみして減損の先送りをしてきた。それが背景にあって粉飾に走った。

2、西田氏が東芝を粉飾体質の会社にしてしまった。自分の出身母体のパソコン部門を粉飾の道具にしたため、競争力を失っても縮小・撤退できなかった。
3、西田氏から佐々木氏に社長が代わる際の引き継ぎ期間に、佐々木氏はパソコン部門のバイセル取引について説明を受け、「パソコンの西田」の実態がどのようなものだったのか認識を改めた。そして自分もこの手法を使える、と考えた。
4、パソコン部門は最初からバイセル取引を予算に組み込んでおり、現実のパソコンビジネスとは実態が大きく乖離するものだった。
5、佐々木氏の後に田中氏が社長に就いたのは、佐々木氏時代に異常に膨らんだバイセルの残高を西田氏が圧縮しようと考えたからだった。

ここに登場する「バイセル取引」というのは、パソコン用の部品を下請けである組立メーカーに実際よりも高く買わせることで、その差額を見せかけの利益として計上し、完成品を買い取る時にその差額を埋め合わせることで帳尻を合わせる取引のことです。

バイセル取引そのものは、東芝のような価格交渉力のある会社がまとめて部品を購入する方が、複数の組立メーカーが単独、ばらばらに購入するよりも安く仕入れることができるため、それ自体が不正というわけではありませんが、東芝の場合はマスキング価格（本当の調達価格＋上乗せ価格）以上に高く設定したり、卸す部品の量を必要以上に多くするといった「ゆがんだバイセル取引」によって「利益を捏造」していたことになります。

こうしたやり方を主導したのがパソコン部門の立て直しを託された西田氏と、パソコン部門の資材調達を担っていた田中久雄氏でした。西田氏がパソコン部門を担当していた２００４年当時というと、ＩＢＭがパソコン部門を中国のレノボに売却するほど世界的にもパソコン事業の先行きが不透明な時代でした。当然、東芝のパソコン部門も２００３年度に４７４億円の赤字を出すほど不振のどん底でした。

ところが、西田氏は売上高を前年の７１００億円から７６００億円へと引き上げたうえ、81億円の黒字を計上、実に５５０億円もの損益改善を実現したのです。大赤字のパソコン事業をわずか1年で黒字転換したため、東芝社内で「西田の奇跡」「西田マジック」と呼ばれるようになり、この功績によって西田氏は社長就任を確実にすることとなりました。

その結果、この頃から東芝社内には経営トップが部下たちに高い目標を設定させて目標を無理やり達成させる「チャレンジ」や、「バイセル取引」による見せかけの利益の捻出が行われるようになったと言われています。

ウェスチングハウス高額買収というとどめ

こうした粉飾が拡大するのは2008年に起きたリーマンショックからです。リーマンショックは「100年に一度」と言われるほどの危機ですから、東芝に限らずすべての企業が多大な影響を受けています。

たとえ赤字に転落したとしてもそれこそ「仕方がない」ことですが、当時「赤字になります」という部下の報告に対して、トップが「こんな数字は恥ずかしくて公表できない」と外聞を気にする発言をしたことで、東芝はさらなる粉飾へと手を染めることになっていきます。とはいえ、バイセル取引を悪用することで見かけの数字をいったんは良くすることができたとしても、実際には赤字なわけですから、その赤字が積み重なるといざ「元に戻そう」と思ったとしても、挽回策など打つ手がなくなるというのが本当のところです。

かつてバブル経済が崩壊した後、多くの企業が損失の先送りをしながら、「バブルの再来」を待ち続けたことがあります。しかし、結果的にバブルの再来はなく、多くの企業が多額の損失の処理に苦労したり、破綻へと向かうことになりました。東芝もチャレンジとバイセル取引の悪用によって、どんどん粉飾の数字が積み上がっていったというわけです。

そこにとどめを刺したのがウェスチングハウスの問題です。東芝が原発メーカーのウェスチングハウス・エレクトリックが売りに出るという報に接したのは岡村正《おかむらただし》氏が社長時代の2003年のことです。当時、東芝は原子力事業に関してはGEから技術供与を受けており、ウェスチングハウスの持つ技術とはライバル関係にあったため、当初はあまり関心を示すことはありませんでした。しかし、原発の世界で国際標準となっていた技術を持つウェスチングハウスの買収を「好機到来」と見た前会長の西室氏の意向もあり、前向きに検討することになりました。

東芝のはじいた同社の企業価値は2000億円程度でしたが、同社を所有するBNFL（英核燃料会社）が難色を示したことで交渉は長期化、最終的に西田氏の時代に6200億円という驚くべき高値で買収をしています。これがのちに東芝を苦しめることになります。東芝がはじいた同社の企業価値を上回る金額で買収したためその差額は貸借対照表上、「のれん代」となります。

同社が買収後、順調に業績を伸ばしていれば問題ありませんでしたが、現実には東日本大震災やシェールガス革命などによって世界的に原子力は退潮へと向かい、同社に対する評価は低くなる一方でした。不動産などもそうですが、評価額が上がれば簿価との差は含み益となりますが、バブル崩壊後のように評価額が下がればその差は「減損」となります。

そして、東芝は本業自体にも問題があったうえ、減損を先延ばししたことで２０１５年度決算では過去最悪の５５００億円の純損失に加えて、ウェスチングハウスの減損３５００億円を加えると債務超過に陥りかねないという危機的な状況となったのです。

ここから東芝の迷走が始まります。以来、東芝はＮＲＥＧ東芝不動産株の30％を野村不動産ホールディングスに売却、大分工場の半導体製造関連施設はソニーに売却、テレビ工場や白物家電事業も売却したほか、東芝メディカルシステムズをキヤノンに、そして半導体メモリー部門を米買収ファンドのベインキャピタルと韓国の半導体メーカーＳＫハイニックスを中心とする企業コンソーシアムに売却するなど、まさに売れるものは何でも売ることで何とか「東芝」という会社を残すことになりました。

誤ったトップ人事の連続が傷を深めた

会社は残ったものの、それは私たちが知る売り上げ7兆円を超える名門企業・東芝ではなく、原子力など電力分野とエレベーター、上下水道システムなど社会インフラ部門、半導体システムLSIなどが残るだけの様変わりした東芝の姿でした。

一体、なぜこうなってしまったのでしょうか。朝日新聞記者で『東芝の悲劇』の著者でもある大鹿靖明氏によると、原因は「トップ人事の失敗」にあるといいます。大鹿氏によると、東芝にはみんなが当然と考える「倫理観や正義感、公平性」などがありましたが、西室氏が社長になって以降、「製造や技術の軽視、そして経理の原則の軽視・無視が広まるようになり」、トップの周りにはイエスマンばかりが起用され、組織の変質が起こったことがこうした一連の不祥事や判断ミスを生んだといいます。

では、こうした暴走に対して異を唱える人はいなかったのかというと、温和な東芝の社風が影響して、暴君や独裁者を排除しようとする人間も出て来ず、いつの間にか「おかしなことが起きても誰も異議を唱えることのできない異常な組織になった」というのが東芝を知る人たちの分析です。

どんな名門企業であっても、トップ人事を誤ると、取り返しのつかないことになります。それでも一代で気づけば傷は浅くて済みますが、東芝の場合はある人が「模倣の西室、無能の岡村、野望の西田、無謀の佐々木」と評したように代々のトップがそれぞれ間違いを犯し、その間違いを隠そうと院政を敷き続けたことによって負の連鎖になったともいわれています。

なかでも西室氏の影響力はあまりに強く、約20年にわたって東芝の人事に関わったことが東芝を悪くしたとみる人もいました。

経営者と言えども決して万能ではありません。間違いも犯すし、判断を誤ることもあるわけです。自分が経営者でいるうちは不祥事など決して起きて欲しくないし、ましてや「赤字決算」などとんでもないというのがほとんどの経営者の思いです。

経営者であれば誰しも在任中は素晴らしい決算数字を出したいし、できるなら過去最高と言われるほどの数字を出したいと考えるものです。しかしその思いがあまりに強過ぎると、東芝の経営者がそうであったように粉飾決算に手を染めたり、表に出すべき損失を先送りして傷口を大きくすることになるのです。

こうした損失を抱える経営者が一様に口にするのが「タイミングを見て」という言葉ですが、大きな損失をゼロにできるほどのタイミングなど決して来るものではないというのが本当のところです。

さらに自分が在任中に行った不正を表に出したくないという思いから、後継者には自分の意を汲んで動いてくれる人、決して自分の失敗を糾弾しない人を選ぼうとするものです。こうした人事をくり返した結果もたらされるのが先ほども触れたように「人事のゆがみ」や「公平性の欠如」であり、たとえ問題が起きても隠そうとして、誰も何も言わない組織風土なのです。

石坂泰三氏や土光敏夫氏を輩出した東芝は間違いなく日本を代表する名門企業であり、財界にも多くの人材を送り出してきた企業ですが、これほどの名門企業であっても、トップ人事の失敗が続けば権力は腐敗し、企業を存亡の危機に追い込むことになるのです。長過ぎる権力は多くの場合、腐敗を招きます。しかし、仮に数年ごとに権力者が代わったとしても、失敗企業の失敗経営者のほとんどは自らの失敗を決して表に出すことなく、また踏襲してくれる経営者を選ぶため、失敗の連鎖は続き、より大きな失敗へとつながっていくものです。

企業が失敗する時、そこには必ずと言っていいほど、経営者にまつわる大きな失敗があるのです。

シャープ・町田勝彦／片山幹雄の失敗

東芝の失敗が歴代経営者による腐敗、不正によって引き起こされたとすれば、シャープの失敗は大き過ぎる成功がもたらした権力の傲慢、慢心によるものということができます。

シャープも東芝ほどではないにしても、やはり歴史ある名門企業です。シャープペンシルの発明などで知られる早川徳次《はやかわとくじ》氏が創業した会社で、丁稚奉公を勤めあげ、一人前の職人となった早川氏が東京で金属加工業を始めたのが1912年のことですから、やはり100年以上の歴史を持つ会社と言えます。

早川氏の特徴は「真似されるものをつくれ」という言葉が表しているように、他社が真似したくなるほどの独創的な商品をつくり上げるところにありました。1925年には国産ラジオ受信機第一号の「シャープラジオ」をつくり、1952年には国産テレビ第一号を生み出すなど、他社に先んじた商品開発を行っています。

しかし、残念なことに販売力などでは劣っていたため、せっかく国産テレビ第一号をつくっても、その後から東芝や松下電器（現パナソニック）が追いかけ、軽々と追い抜いていくことがほとんどでした。当時の松下とシャープ（当時は早川電機）の関係をある人がこう評しています。

「松下電器はマネシタやけど、早川電機はハヤカッタというより、ハヤマッタ電機やな」

こう揶揄されながらも、シャープは販売力などは弱いものの、技術力に優れた企業として電機業界でその地位を築いていくことになりました。

液晶テレビの大ヒット

そんなシャープに転機が訪れたのは、1988年に世界に先駆けて14インチ液晶モニターの商品化に成功、「液晶のシャープ」という評価を手にしてからです。

それ以前のテレビ業界はソニーが独自に開発したブラウン管「トリニトロン」でトップを走っており、シャープのテレビはブランドよりも価格の安さで売れる状態でしたが、1998年に社長に就任した町田《まちだ》勝彦《かつひこ》氏が「2005年までに国内で販売するテレビをブラウン管から液晶に置き換える」と「液晶テレビ宣言」を行い、以後、シャープは液晶にすべてをかけるようになっていきました。

当初、シャープの社内でさえ「夢物語だ」と否定的な見方をする人がいたほどですが、「オンリーワンの会社」を目指す町田氏がその決心を変えることはなく、シャープは液晶テレビ「アクオス」を発売、ブラウン管テレビをはるかに上回る高値ながら爆発的に売れ、ソニー、パナソニックと並ぶ「テレビ御三家」と呼ばれるほどの成功を手にしています。

液晶テレビの成功によってそれまで二流と見られていたシャープは最先端を行く企業としての評価を得て、その成功をより確実なものにしようと進めたのがのちに「世界の亀山」と言われるほどのブランド力を持つことになる三重県亀山市に建設した亀山工場です。2004年1月に亀山第一工場が稼働、2006年8月には亀山第二工場も稼働と、両工場に5500億円を投じたシャープはまさに「最先端工場を持つ時代の寵児」となっていったのです。

結果、2008年3月期には過去最高となる売上高3兆4177億円、当期純利益1019億円を計上、まさにシャープは黄金期を迎えることになりました。この時の社長がのちに「過大投資」と呼ばれた堺工場（大阪府堺市・2009年稼働）を建設する片山幹雄《かたやまみきお》氏（2007年4月就任）です。

当時を振り返ってあるシャープ関係者はこう語ったと言います。

「２０００年代はシャープにとって夢だった」

たしかにそれ以前、家電メーカーの中で中位だったシャープは一躍液晶のトップメーカーとなり、２００２年３月期に１兆８０３７億円だった売り上げが２００８年までのわずか６年でほぼ倍増したわけですから、老舗企業としては驚異の成長だったと言わざるを得ません。

その意味では経営者たちの判断はこの時点では「正解」だったわけですが、一方には懸念を示す人たちがいたこともたしかです。シャープ二代目社長の佐伯旭《さえきあきら》氏が２００２年、こんな言葉を口にしています。

「液晶への大投資は亀山で最後にしてほしい。うちは身の丈に合った経営をしていかないと。このままでは大変なことになる」

この時期、佐伯氏の女婿でもある町田氏は「液晶のシャープ」を目指して亀山工場の建設を進めていましたが、佐伯氏はあまりの巨額投資に危機感を覚えていたのかもしれません。しかし、その忠告は聞き入れられなかったのか、シャープは亀山第二工場、さらには堺工場と大型工場、それも液晶専門の工場を建設、結果的にこの投資がシャープに危機をもたらすことになったのです。

顧客の離反を招いた絶好調時の振る舞い

「液晶のシャープ」でいくと決めた以上、最先端工場を建設して生産量を大幅に増やすこと自体は間違いではありません。半導体などもそうですが、大量生産をすることで生産コストは下がり、他社に圧倒的な差をつけていくこともできるだけに、シャープが競争に勝つためには「競合に先んじた、果敢な投資が絶対に必要だった」というのは事実です。

液晶パネルを大量に生産して競争に勝つというシャープにとって計算違いとなったのは、液晶パネルの価格下落が想像以上に速く進んだことと、液晶パネルの外販に失敗したことでした。

32インチのテレビ用液晶パネルの価格は２００４年時点では約８６５ドルでしたが、２０１１年には約１４９ドルにまで下落したばかりか、当時の日本では円高が急速に進んだことで、普及サイズの液晶パネル事業での黒字化はどの企業でも難しくなってしまいました。

加えてシャープは２００９年10月に堺工場も稼働したため工場の稼働率を維持し、利益を生むためには自社使用だけでなく、外販に活路を見出す必要がありました。当初、パートナーとしてあてにしていたのがソニーであり、ソニーとの間には堺工場にソニーが34％を出資、その比率に応じたパネルの引き取り義務を負うという合意がありましたが、現実にはソニーは２００９年に堺工場の株約７％を取得したものの、それ以上出資比率を上げることはなく、２０１２年に株をシャープに売却しています。

なぜこのようなソニーの離反を招いたのかというと、理由はシャープがソニーを大事にしなかったからだと言われています。堺工場の稼働後、エコポイント特需で液晶テレビが爆発的に売れたため、シャープは自社製テレビ用パネルの生産を優先し、ソニー用を後回しにした結果、たびたび納入遅延を引き起こしています。

それは東芝などほかの有力顧客に対しても同様で、自社用を重視するあまり、ここでも納入遅延を引き起こしたため、需給が緩和すると同時にソニーをはじめとする顧客がシャープのもとを去ることになったのです。

この頃のシャープ経営陣の対応も問題視されています。「週刊東洋経済」によると、ソニーの人間が交渉に赴くと、片山氏は「どこの誰だ」といった偉そうな態度で接するため、

「げんなりした」となっています。

では、当時シャープはどうすればよかったのでしょうか。業界関係者はこう指摘しています。

「堺工場をつくった時点で、シャープはアクオスを捨ててでもパネルの外販に集中すべきだった」

つまり、言われている「堺工場への過剰投資」というよりは、「絶好調時のシャープの振る舞いがその後、亀山工場や堺工場を苦境に陥れた」とも言えます。

液晶パネルに限らず、需要がひっ迫する時には、「いくらでもいいから売ってくれ」という新参者がたくさんやってきます。そんな時、既存の顧客を無視して、高値で新参者に売るか、あるいは利幅は薄くともそれまでの付き合いを大切にするかは企業のその後を左右することがよくありますが、シャープの場合、売れている時、儲かっている時の判断に誤りがあったと言えます。

今後の課題はブランド力の回復

２０００年代、シャープはあまりに成功し過ぎたために自らの力を過信、その過信や慢心が判断を誤らせ、顧客の離反を招き、激変する市況への対応力を失わせる結果になったのではないでしょうか。

２０１１年４月、液晶事業の収益が悪化、会長である町田氏と社長である片山氏の責任のなすり合いも表面化、ここからシャープの迷走が始まることになりました。２０１２年３月期決算でシャープは３７６０億円の赤字を計上、責任を取って社長の片山氏が会長に、会長の町田氏は相談役に退きますが、新社長に就任した奥田《おくだ》隆司《たかし》氏は２人のトップにはさまれてリーダーシップを発揮することはできず、「誰が経営権を持っているのか分からない」と非難されるほどの迷走ぶりでした。

以後も赤字は続き、日本政府がシャープ救済に動き出しますが、２０１６年２月、最終的にシャープが救済相手として選んだのは政府系ファンドの産業革新機構ではなく、台湾の鴻海精密工業でした。産業革新機構には「日の丸連合で液晶の最先端技術の海外流出を防ぐ」という大義名分がありましたが、提示額が５０００億円対７０００億円では、鴻海の勝利は当然のことでした。

その後、鴻海傘下に入ったシャープの業績は急速に回復します。２０１７年４〜６月期連結決算の売上高は前年同期比19・６％増の５０６４億円、営業利益は１７１億円と、４〜６月期としては7年ぶりの黒字を計上しています。

その一因となったのが鴻海の販路を活用して、中国で液晶テレビを販売、爆発的に売れたことですが、その反面、弊害も生じています。シャープを率いる戴正呉《たいせいご》会長兼社長によると、シャープのテレビをあまりに安く売り過ぎたことで、「想定を超えるブランド力の低下を招いた」といいます。

「二流の評価が度重なると、一流品を出しても二流の価格になってしまう」はパナソニックの創業者・松下幸之助《まつしたこうのすけ》氏の言葉ですが、たしかに商品というのは「あそこは品質が悪い」とか「あそこの商品はバーゲン品だ」と言われるようになると、どんなに良い製品を出しても安くしか売ることができないという「ブランド力の毀損」を招くことになります。

日本初の商品をつくりながらなかなか一流になることができなかったシャープは、液晶テレビの成功によって一流になり、その後の迷走によって再び二流という評価になっています。それだけにいくらシャープの経営再建のためとはいえ、安売りによってブランド力を低下させたことはのちのち影響してくるかもしれません。

今後、シャープは８Ｋ対応の液晶パネルに力を入れ、「アクオス」に代わる高級テレビブランドなどを立ち上げることで成長を目指すといいますが、「シャープ」というブランドがどのように守られ、どのように磨かれていくか大いに関心のあるところです。

企業には当然、「勝つこと」が求められますが、勝った時、成功した時の対応を誤ると手痛いしっぺ返しを食うことがよくあります。シャープの場合、不正を働いたわけではありませんが、一時期、あまりに勝ち過ぎたことによって経営者が過信してしまったことがその後の失敗へとつながっています。

佐伯氏の「うちは身の丈に合った経営をしていかないと」という言葉にもう少し謙虚に耳を傾けていれば、違った道を歩むことができたのではないでしょうか。

第2章　「成功」ゆえの失敗

そごう・水島廣雄の失敗

バブルに踊り、バブル崩壊とともに没落の道を辿ることになった「そごう」の失敗は、水島廣雄《みずしまひろお》氏という1人の経営者によってもたらされています。

日本企業というか、日本人が信じてきたものの一つに「土地神話」があります。「土地神話」というのは、土地の価格は絶対に下がらないという神話的思想のことですが、だからこそバブル崩壊までは企業はお金を借りてでも土地を買い、その土地を担保にすることでさらなる事業の拡大を目指すというやり方をしていました。

実際、土地は値上がりを続け、特にバブル期には一夜にして坪単価が倍になるといった馬鹿げた現象もあったため、企業の中には本業をそっちのけで不動産投資や株投資にうつつを抜かしたり、慣れないゴルフ場開発やレジャー施設の建設などに乗り出してのちのち大変な事態に陥った企業も少なくありませんでした。

何でもそうですが永久に上がり続けるものはありません。賢明な経営者であれば、どこかに「いつまでもこんな時代が続くはずがない」という恐れを抱くべきなのでしょうが、こうしたやり方で一度でも大きな成功を手にしてしまうと、そこからの「出口戦略」というか、「方向転換」を図るのはとても難しいことなのかもしれません。

度を越した土地神話への依存によって成長し、そして失敗したのが38年間の長きにわたってそごうに君臨した水島氏です。

強気の交渉で台頭

大学卒業後、名門・日本興業銀行に入社した水島氏ですが、同行は帝国大学出身者が幅を利かすエリート企業であり、私立出身の水島氏にとって決して居心地のいい企業ではありませんでした。もっと自分の力を発揮できる企業を求めて移ったのが、親戚筋がオーナーを務める関西の百貨店・そごうでした。

当時、そごうは読売新聞社が東京都千代田区の有楽町駅前に建設した読売会館にそごう東京店（1957年開店）を出店、フランク永井《ながい》のヒット曲「有楽町で逢いましょう」のお陰もありデートの名所とはなっていましたが、店自体は「品揃えが悪い」という悪評に加え、高額な賃貸料もあり、経営的に厳しい状況に追い込まれていました。

経営改善のためには家賃の引き下げを欠くことができませんが、何せ当時の読売新聞社を率いていたのは「大正力」と呼ばれた正力松太郎《しょうりきまつたろう》氏という怪物です。そんな怪物を相手に水島氏は一歩も退かない強気の交渉を行い、月額4000万円の家賃を、売り上げの5%という売り上げスライド制に変更したのですから、そごう社内で一目置かれるようになったのは当然のことでした。

1962年、社長に就任した水島氏は本格的に「そごう再建」に着手します。水島氏が入社した当時、水島氏に課せられたのは「そごうを整理せよ」という指示でしたが、ほどなくして「整理」ではなく「再建」の道を選んだといいます。

再建策の一つが国道16号沿いに出店する「レインボー作戦」です。水島氏によると、アメリカの小売業は大都市から一定の距離を置いて虹のように囲んで出店すれば、その店は必ず成功すると言われており、それを日本の首都圏にあてはめると、東京を取り囲む国道16号線に出店すれば必ずうまくいくというのが水島氏の考えでした。

過度の借金をしながらの急成長

目指したのが横浜や千葉への出店でしたが、当時のそごうには横浜出店は難しいということで、千葉への出店を決意した水島氏は役員たちの猛反対を押し切って１９６７年に千葉そごうをオープン、開業2年目には地域一番店となり、３年目には早くも黒字化に成功しています。

ここからそごうの急成長が始まるわけですが、そごうが特殊だったのは株式を上場した企業でありながら傘下にあるのは有楽町、大阪、神戸の3店舗だけで、それ以外の店舗には水島氏が個人として大半の株を持つ千葉そごうが強い影響力を持っていた点です。

これだけでもかなり特殊な会社と言うことができますが、水島氏は土地神話を巧みに利用することで資金調達を行い、次々と出店を行っています。百貨店の出店には一店あたり３００億〜５００億円かかります。そごうは出店にあたって、グループ他社が債務保証を行うことで、出店会社が資金を銀行から借り入れますが、出店会社はそのお金で百貨店用地以外の周辺用地も取得します。

百貨店が開業すると、当然、その周辺の地価は上昇するため、保有する土地の評価額も上がり、含み益が生まれます。その含み益を担保にしてさらなる投資を行えば、百貨店の出店も加速することができるというのが水島氏のやり方です。

こうした周辺の土地を買いあさり、出店によって地価を引き上げ、地価の高騰で担保力をつけ、さらなる出店を行うというのはダイエーの創業者・中内㓛《なかうちいさお》氏も好んだやり方ですが、まさに「土地神話」を巧みに利用したやり方と言うことができます。

「初めて」「一番」「最大」「最高」を好む水島氏は「グレーターそごう」（全国10店舗）、「ダブルそごう」（世界に20店舗）、「トリプルそごう」（世界に30店舗）という遠大な構想を掲げて、そごうの出店を加速させていくことになりますが、それを可能にしたのはすべて土地神話であり、巨額の借金をものともしない強気の出店戦略でした。

当時、水島氏は役員にこう言っていたといいます。

「借金は常にしなさい。借金を返すためにがんばろうとすれば、意欲や進取の気性が湧いてくる。反対に無借金は、企業に油断と驕りがはびこる。1兆２０００億円の借り入れは設備投資だから心配はない。40店舗の箱は1兆２０００億円ではつくれない。もっと借金する。あとは稼ぐだけだ」

土地神話時代の「帝王」水島氏ならではの発言です。

変化する社会・バブル崩壊

こうしたやり方を人は「水島マジック」と呼び、日本一の売り上げ規模を誇る百貨店へと登りつめたそごうですが、当時のそごうにはこうした過度の借金による経営を危ぶみ、水島氏に忠告できる人はいませんでした。

日本がバブル景気に沸いていた頃、世間が評価したのは多額の借金をしてでも不動産投資や株式投資、多角経営に邁進する経営者でした。反対に不動産投資や株式投資に背を向けてひたすらに本業に精を出す堅実な経営者は「機を見るに敏でない」経営者として馬鹿にされることすらありましたが、企業にとって過度の借金が危ういものであるというのはいつの時代も変わらない大原則です。

１９９０年、日本銀行がそれまでの「いけいけどんどん」から「総量規制」と呼ばれる貸し渋りに舵を切ったことで、水島氏のやり方は一気に危機を迎えることになりました。

当時、そごうは１９９１年の川口そごうによって「トリプルそごう」を達成、水島氏は

「50店舗を目指そう」とさらにアクセルを踏み続けていました。

地価がさらなる上昇を続ければそれも実現したかもしれませんが、バブルが崩壊して地価が一気に下がれば、積み上げた含み益はあっという間に消え去り、あとには含み損と、多額の借金が残るだけです。

それでもそごうと共に歩んでくれた日本興業銀行などがそごうを支えてくれればいいのですが、こうした金融機関もバブル期に行った融資が次々と不良債権化したことでそごうに対しても厳しく対応するほかありませんでした。

1994年、水島氏は銀行側の要請を受け入れる形で、32年間座り続けていた社長の座を岩村榮一《いわむらえいいち》氏に譲り、代表取締役会長へと退いています。日本興業銀行からもふたりの人間が副社長として送り込まれ、事実上の銀行管理下に置かれることになりました。

普通はここで水島氏のそごうトップとしての役割は終わりを告げるはずですが、取締役会で「人事権は引き続き水島氏が持つ」ことが可決されたため、水島氏は沈みゆくそごうの経営権をさらに握り続けることになってしまいました。

これでは従来の水島路線を変えたくとも変えられるはずがありません。そこにはバブル紳士に見られた「お金は銀行が借りてくれというから借りてやっただけ」という自らの責任を否定する「責任放棄」の姿勢があったのかもしれませんが、たとえバブル崩壊によって経営がおかしくなったとはいえ、多額の借金に頼らない経営によって堅実な成長を続けたイトーヨーカ堂などもあっただけに、経営者・水島氏の責任はとても重いものがあると言わざるを得ません。

変われなかった経営者

バブルの崩壊によって急速に資金繰りが悪化していたそごうにさらに決定打となったのが1995年に起きた阪神・淡路大震災です。これにより黒字経営だった神戸そごうは1000億円近い被害を受け、そごう全体の資金繰りもさらに悪化することとなりました。

その後もそごうの迷走は続き、2000年2月、水島氏は会長職を辞任、自身の持ち株すべてを日本興業銀行に差し出しますが、同年7月にそごうは自主再建を断念、民事再生法を申請して、事実上の経営破綻に追い込まれています。

負債総額はグループ22社合計で2兆7358億円と、過去最大の百貨店の倒産となりました。さらに水島氏は2001年に強制執行妨害容疑で逮捕・起訴され、2006年に有罪判決が確定しています。

水島氏は創業者ではありませんが、関西の小さな百貨店に過ぎなかったそごうを一代で日本一に押し上げながらも、過度の借り入れに依存した経営を推し進めた結果、最終的に同社を経営破綻に追い込み、自身も有罪判決を受けることになったわけですから、これほど波瀾万丈な人生はありません。

一代で小さな企業を日本一に押し上げるなど並の経営者にできることではありません。その点では水島氏の経営手腕は素晴らしいものでしたが、誤ったのは千葉そごうや横浜そごうなどの成功体験があまりに大き過ぎたために、そのやり方を踏襲し続けたことです。結果、バブルの崩壊によってすべてが崩れ去ったわけですが、企業を取り巻く環境はいつだって変化し続けるものです。

「時代と状況が変われば、君主の方が行動様式を変えない限り、滅びてしまう」は、イタリアの思想家マキャベリが1513年に書いた『君主論』に出てくる言葉です。水島氏の成功は高度成長期やバブル期という時代の特質と自らの行動がぴったり合ったことでもたらされましたが、残念ながらそこに齟齬が生じてしまうと、どんな成功者でも敗れ去るというのが世の常です。

そごうの失敗、それは成功体験が大き過ぎたがために、変化すること、変わることができなかったことによって引き起こされたのです。

なお、現在そごうは、セブン＆アイ・ホールディングス傘下の株式会社そごう・西武が運営する百貨店として事業を継続しています。

ダイエー・中内㓛の失敗

ダイエーを率いた中内㓛氏《なかうちいさお》ほど「カリスマ」と呼ばれるに相応しい経営者はほとんどいません。家業であった小さな薬局店から身を興し、一代でダイエーを創業、連結売上高3兆円超、関連企業を含めて6万名以上の従業員を抱える売り上げ日本一の流通グループを育て上げたのは事実であり、その間の中内氏の功績はあまりに大きく、そして中内氏をいまも尊敬する経営者がたくさんいるのも事実です。

だからこそ、中内氏の晩年はあまりに無惨であり、その退任や死に対してたくさんの惜しむ声もあったのです。日本を代表する流通王はなぜ絶頂を極めながら転落の道を歩まなければならなかったのでしょうか。そこには圧倒的な経営力の一方での、「私とコンピュータとパートがいればいい」と言い切ったほどの人間不信や、身内だけを信じ、子どもたちに跡を継がせようと有能な人材を切り、周りをイエスマンばかりで固めていった「権腐」の歴史があります。

戦争体験に基づく経営哲学

１９２２年、大阪で生まれた中内氏は県立第三神戸中学校（神戸三中）を経て県立神戸高等商業学校（神戸高商・現 兵庫県立大学）へと進学していますが、当時の同級生によると「おとなしい、目立たない、一緒に遊んだことがない」という、ほとんどみんなに印象を残すことのなかった学生だったといいます。

ところが、そんな中内氏が戦後は「豹変」と同級生たちが語るほどの変貌を遂げたのはやはり戦争体験が影響しています。神戸高商を卒業した中内氏は大学への進学を希望しますが、神戸商業大学（現 神戸大学）を受験した52名のうちわずか３人が不合格となったうちの１人となったことで、日本綿花に就職します。ほどなく召集され、ソ連国境に近い綏南《すいなん》、そしてフィリピンと激戦地に送られています。

フィリピンのジャングルでの日本兵がどれほど過酷な戦いを強いられたかは大岡昇平《おおおかしょうへい》氏の『野火』などにも書かれていますが、中内氏も人肉食いの噂がつきまとったジャングルでの敗走戦を奇跡的に生き延び、日本に復員したことで、それ以前と以後で人間が大きく変わったと言われています。

ここでの体験について中内氏はこう語っています。

「フィリピンの野戦でいったん死線を通ってきたのが私の原体験。人間は幸せに暮らしたいと常に考えています。幸せとは精神的なものと物質的なものとがありますが、まず物質的に飢えのない生活を実現していくことが、われわれ経済人の仕事ではないかと考えています」

強烈な戦争体験を経て、「観念より食べることが先。動物的なものが満たされて初めて人間的なものがくる」と考えるようになった中内氏の考え方はその後のダイエーの経営に色濃く反映されるようになっていきました。

1945年11月、フィリピンから復員した中内氏は神戸市にある実家（サカエ薬局）の近くに「友愛薬局」を開店、業者を相手の闇商売を開始、その後「サカエ薬品」「大栄薬品工業」を経て、1957年9月に「主婦の店・ダイエー薬局」を開店、以後、破竹の進撃をしていくことになります。

小売業売り上げ№1の栄光、そして転落

「主婦の店」というのは、吉田日出男が1956年に北九州・小倉で始めた店がスタートですが、薬品小売組合の反対によって薬を扱えなくなり、苦境に陥っていた同店を中内氏が助けたことが縁で、中内氏も「主婦の店」を開くこととなったものです。

当時、「主婦の店」はどこでも「開店する前から地域の物価を下げる」という評判を呼んでいただけに「主婦の店・ダイエー薬局」も最初は大繁盛しますが、同業他社との乱売合戦に巻き込まれて苦戦、そこから薬だけでなく食品やお菓子を扱うミニスーパーに転換することで再び繁盛店へと復帰しています。

そして翌年には早くも第2号店を出店、メーカーの圧力に屈しない「価格破壊」が大いに注目されるようになりました。中でも有名なのが松下電器や花王といった大手企業を相手に一歩も退くことなく価格破壊に挑戦、「ダイエー・松下戦争」や「ダイエー・花王戦争」はいまに伝わる中内氏の武勇伝として知られています。

中内氏の信念は「価格の決定権を製造メーカーから消費者に取り返す」ことです。それ

まで価格の決定権はメーカーが握っていましたが、中内氏は「いくらで売るかはダイエーの勝手で、メーカーには文句を言わせない」という姿勢を貫くことで「消費者のための店」であり続けようとしました。

こうした姿勢や、派手な出店攻勢もあり、1972年には百貨店の三越を抜いて小売業売り上げナンバーワンの座についただけでなく、1980年には小売業として初の売上高1兆円を達成しています。

ここで中内氏の拡大路線が終わることはありませんでした。売上高1兆円を達成した中内氏は、次の目標を4兆円に置き、デパートの展開などを計画、さらなる拡大を目指しますが、1983年から3年間にわたって赤字が続いたことで、さすがの中内氏もブレーキを踏むほかはなく、日本楽器（ヤマハ）の社長からダイエー入りした河島《かわしま》博《ひろし》氏にダイエーをV字型に回復させる「V革作戦」を託すこととなりました。

この時、中内氏は「もう一度、俺を男にしてくれ」と号泣したと言われています。

経営者が育たない、強いワンマン体制

河島氏が行ったのは中内流の売り上げ重視主義から利益重視主義への転換でした。ダイエーが急成長した時代は高度成長期だけに、つくれば売れた時代です。そこでは安く売りさえすればいくらでも成長できましたが、低成長時代になれば在庫を削減して、ロスを減らすなどして利益なども考えなければ経営が成り立ちません。

それは言わば「中内ダイエー批判」でもありましたが、１９８６年の黒字決算によって見事にＶ字回復を成し遂げることになりました。もしこのまま河島氏を中心とした経営改革が進められたとしたらダイエーの凋落はなかったのではとも思いますが、いかんせん「Ｖ革」が一段落するとダイエー社内の風向きは一変、再び中内氏中心の経営へと舵を切ることとなったのです。

その後、本来はダイエー社長となってもおかしくなかった河島氏は中内氏が経営再建を引き受けたリッカーの社長となり、１９９７年にはナンバーツーである代表取締役副会長から非常勤顧問となっていますし、Ｖ革を担ったメンバーの多くが経営中枢を外れ、関連

会社などに移されています。

代わって台頭してきたのが中内氏の長男・中内潤《なかうちじゅん》氏です。わずか31歳でダイエー本体の専務となり、42歳の時には河島氏に代わってナンバーツーの座に就いています。結果、中内氏の周りには「イエスマン」ばかりとなったのです。当時を知る人がこう振り返っています。

「中内社長のあまりにも強いワンマン体制が、イエスマンばかりを生み、経営者らしい経営者を1人も育ててこなかったんです」

ダイエーに人材がいなかったわけではありません。しかし、中内氏の跡を継ぐほどの人材は次々と外され、着々と「息子」に跡を継がせる体制をとっていったことがその後のダイエーを苦境に追い込むことになったのです。

私欲の混ざった後継者選びが没落を招いた

さらに追い打ちをかけたのがバブルの崩壊であり、1995年の阪神・淡路大震災でした。中内氏の拡大路線を支えたのは高度成長期、そしてバブル期の地価の高騰でした。そごうと同様に土地を取得して、その土地の値上がり益を担保として資金を調達、さらなる拡大を目指す「含み益経営」は地価の上昇が止まり、下落へと転じれば一気に苦境に陥ります。さらに阪神・淡路大震災で関西を地盤とする多くの店舗が大きな被害を受けたことも経営には大打撃となりました。

もっとも、阪神・淡路大震災の時の中内氏の打ち出した方針は素晴らしいものでした。自社の店舗が被害を受けているにもかかわらず、「スーパーはライフラインである」という信念の下、自前のネットワークを駆使して物資を送り続けたほか、「被災者のために明かりを消すな。客が来る限り店を開け続けろ」と大号令をかけたお陰で、被災者がどれほど勇気づけられたか、その貢献の大きさはいまも高く評価されています。

しかし、ダイエーを取り巻く環境は厳しく、時代の変化にワンマン中内氏が対応できなかったのか、「ダイエーには何でもあるが、欲しいものは何もない」とまで揶揄されるようになり、バブル崩壊によって表面化した膨大な借金も重荷となり、経営数字はどんどん悪化、2001年に中内氏は「時代が変わった」として退任しています。

やがて中内家の資産管理会社も特別清算を開始したほか、中内氏所有の芦屋や田園調布の豪邸や所有する株式も売却、すべてを失った中内氏は2005年に死去、社葬さえ行えないという寂しい最期を遂げることとなりました。

現在、ダイエーはイオングループの一員となっていますが、当然、往時の日本一を誇った姿とはほど遠いものになっています。中内氏が「カリスマ」と呼ばれるに相応しい経営者であり、日本の流通業界に一大革命を起こしたというのは誰もが認めるところですが、どんな優れた経営者も時代の変化についていくことができなければ消え去るほかはありません。

本来なら「V革」を成し遂げた時、経営の一線から退くべきだったのでしょうが、そこに「子どもにダイエーを継がせたい」という欲が生まれたことで、河島氏を初めとする有能な人々を排除し、中内家にとって都合の良い人ばかりを残したことがその後のダイエーの運命を決めたとしか言いようがありません。

経営者にとって、ましてや一代で巨大企業をつくり上げた人にとって「後継者を誰にするか」は最も頭の痛い問題です。家業として子どもに継がせるか、それとも企業にとって、社会にとって最も相応しい人に任せるか。中内氏にとってここでの判断ミスがすべてを失う結果につながりました。

権力者にとって「後継者を誰にするか」は企業にとっても、たとえば国家にとっても最も大切な課題であり、ここに「私欲」が入り込むことはすべてを台なしにすることでもあるのです。

タカタ・高田重久の失敗

「売り家《いえ》と唐様《からよう》で書く三代目」という川柳があります。初代が苦心して子孫のために財産を残しても、三代目になると没落してついに家を売り出すことになりますが、その売り家札は唐様でしゃれたものになっています。苦労知らずで育った三代目が遊興や趣味にふけって、肝心の商いの道をないがしろにした結果としての没落であることを皮肉った句と言えます。

たしかにどんな企業でも創業者は図抜けた存在です。ほとんどの人が「ないないづくし」の中で事業を起こしたり、商売を始め、それを大きく育て上げていくわけですから、そこにはたくさんの苦労があるのは当然のことですし、それでも成功に導くということは、創業者、初代と呼ばれる人たちにいい意味での「狂気じみた力」があったからにほかなりません。

ファスナー最大手企業ＹＫＫを率いる吉田忠裕《よしだただひろ》氏は、若い頃は「カリスマ創業者」と呼ばれた父・忠雄《ただお》氏と比較され、周囲から「二世」とか「親の七光り」と言われることも多かったと言いますが、たしかにどれほど優秀な二代目であっても、一代で事業を興した創業者の偉大さを超えるのは簡単ではありません。

ましてや三代目ともなると、「生まれながらの将軍」徳川家光《とくがわいえみつ》ではありませんが、成功した企業の「生まれながらの後継者」ですから、順境の時代はともかく、逆境の時代に企業を率いていくのは難しい仕事です。

一・二代目の手腕で世界企業に

エアバッグで世界2位のシェアを誇っていたタカタを苦境に陥れ、最終的に経営破綻へと追い込んだのは創業家の三代目社長（兼会長）・高田《たかだ》重久《しげひさ》氏の判断ミスであり、責任から逃れようとする姿勢でした。

タカタの歴史は１９３３年、高田武三氏が高田工場を創業、織物製造を開始したことに始まります。当初は船舶用救命索（船舶で乗務員が波にさらわれないように甲板に張り巡らすロープ）や軍事用パラシュートのひもなどの製造を行っていましたが、１９５６年からアメリカで目にした車のシートベルトの製品化に着手しています。

しかし、当時の日本の自動車生産台数はまだ少なく、はじめは思うように普及しませんでしたが、二代目の高田《たかだ》重一郎《じゅういちろう》氏がホンダの創業者・本田《ほんだ》宗一郎《そういちろう》氏に直談判したことで1963年発売のホンダ車「S500」にタカタ製シートベルトが採用されることになりました。日本で初めて量産車にシートベルトが標準装備されるという快挙でした。

やがてシートベルトの設置が義務付けられると、タカタにはシートベルトの発注が大量に押し寄せるようになり、その後やはり義務付けられたエアバッグとともに同社を急成長させることになりました。

当時のタカタを知る三井住友銀行元頭取の西川善文《にしかわよしふみ》氏は、著書『ザ・ラストバンカー西川善文回顧録』でこう記しています。

「シートベルトはその後、運転席だけでなく全席設置が義務化されたし、エアバッグも義務化されているから、今では当時と比べものにならない優良企業に成長している。二代目の社長さんの手腕が大きかった。会社の良し悪しはやはり経営者で決まると再認識させられた」

初代が会社を興し、アメリカ視察でシートベルトの将来性を見抜き、二代目がそれを大きく育て上げたことでタカタは世界企業への階段を昇ることができたわけですが、こうした苦労をすべて無にしてしまったのが三代目の経営姿勢でした。

高田重一郎氏は欧米の企業なども次々と買収、車に乗る人の安全を守るシートベルト、チャイルドシート、エアバッグといった製品開発により売上高4600億円を誇る大企業をつくり上げ、2007年6月に長男の重久氏に社長の座を譲っています。大学を卒業後、いきなりタカタに入社した重久氏は幼稚舎から慶應というエリートで、「創業家のプリンス」として順調に出世した後、41歳の若さで社長の座に就いています。

事の発端はエアバッグの事故

もし何もなければそこから長く社長であり続けたはずですが、その運命を狂わせることになったのがタカタを世界企業へと押し上げたエアバッグの事故でした。エアバッグは自動車事故など万が一の時、人の瞬きよりも短い時間で膨らみ、ドライバーなどがハンドルやダッシュボード、フロントガラスなどに直接ぶつかることを防ぐものですが、タカタは2000年頃からエアバッグを膨らませるインフレーターの火薬原料として硝酸アンモニウムを使い始めていました。

爆発力が強く、エアバッグの部品を小型化しやすく、作動しないリスクも小さいというメリットの反面、高温多湿の環境に長期間さらされると劣化して、金属破片が飛び散るというトラブルも2005年頃から確認され始めていたといいます。

実際、アメリカでは事故の際にエアバッグから飛び出た金属片によって運転者が死亡したり、傷つけられるという事故も報告され、2008年にホンダはタカタ製エアバッグで初のリコールも行っています。

ものづくりはいくら完璧を期したとしてもこうした不良から完全に逃れることはできません。製品の出荷時には問題がなくとも、長年、使っているうちに問題が生じるということはよくあり、こうした時にはすみやかにリコールをすることが求められます。中には「リコール＝欠陥品」と見る人もいますが、実際には長年使ってみて初めて分かる不良もあるだけに、大切なのは「不良を隠す」ことではなく、「不良を表に出しリコールをする」という姿勢なのです。

リコールをしたうえで原因もしっかりと究明して二度と同じ問題が起きないように改善をするというのがメーカーの正しい姿勢と言えます。タカタの場合も、「タカタ製のエアバッグに問題がある」「タカタ製のエアバッグで破裂事故などが起きている」と分かった時点ですぐに対応をしていれば、少なくとも「会社の破綻」は避けられたはずですが、それをしなかったこと、対応が後手後手に回ったことがタカタという会社に危機をもたらすことになりました。

問題発覚後のお粗末な対応

問題が発覚した当時のタカタの対応はリコールの実施や説明責任は完成車メーカー、つまりホンダにあり、自動車メーカーの仕様書に基づいて部品を製造しているタカタが前面に立つ必要はないというものでした。結果、エアバッグの破裂事故はたしかに起きているし、死亡事故も起きているものの、なぜ破裂が起きるのかという根本原因が明らかになっていない以上、タカタがリコールなどに積極的に関わる必要はないという消極的なものに終始しました。

何年にもわたって原因究明や抜本的対策を先送りした結果、米国運輸省高速道路交通安全局は２０１５年11月、タカタのエアバッグの欠陥を企業の不祥事と位置付け、同社が適切なリコールや情報開示を怠ったためアメリカ国内での被害が拡大することになったとして、最大2億ドルの民事制裁金を科すことを発表しました。さらにタカタと自動車メーカーに対して、２０１９年末までにエアバッグの修理を完了するようにも命じています。

こうした莫大な費用に加え、その後、最大の顧客であるホンダをはじめとする自動車メーカーがタカタ製のエアバッグを使用しないことを表明したことで、同社は破綻への道をひた走ることとなったのです。

ホンダの最初のリコールが行われたのが２００８年ですから、ここまで実に7年もの歳月、タカタがいかに何の対策もとらなかったかがついにアメリカの当局の怒りを増幅させたと言えます。実際、タカタの高田重久社長の態度もお粗末なものでした。

アメリカの議会は企業の不祥事に対して、企業の責任者などを呼んで公聴会を開くことがよくあります。大量の情報流出を引き起こしたフェイスブックの創業者マーク・ザッカーバーグ氏や、大規模リコールを起こしたトヨタの社長・豊田《とよだ》章男《あきお》氏なども公聴会に呼ばれ厳しく追及されています。

タカタの場合も２０１４年11月と12月、２０１５年6月の計3回、公聴会に呼ばれたものの、高田重久社長自身が出席することも謝罪することもありませんでした。公聴会への出席はたしかにもろ刃の剣ともなりかねません。出席してしっかりとした説明ができずに袋叩きに遭えば大変なダメージを受けることになりますが、豊田章男氏やマーク・ザッカーバーグ氏がそうであったように、議員の厳しい質問にもトップ自らがしっかりと答えることができれば厳しいバッシングも随分と和らぐことになります。

ある企業の経営者がトップの役目について「良いことは部下に、悪いことはトップ自ら」と話をしていました。好決算などの企業にとっての好ましいニュースについてはトップ自ら表に出る必要はないものの、不祥事などの時はいろいろ言い分はあったとしてもやはりトップが表に出て謝罪し、説明することでダメージを最小に抑えることができるというのがその経営者の考え方でした。

高田社長の行動は真逆でした。オーナー企業の経営者というのは出たがりの人もいますが、中にはどんな時も番頭役に任せて自らは表に出ようとしない人もいます。高田社長は公聴会などに出席しなかったことでアメリカでは謝罪からも説明責任からも「逃げている」という印象をもたれ、それがその後のタカタに対する厳しい姿勢につながったと言われています。

まさに「会社の良し悪しは経営者で決まる」の悪い例でした。

同族経営によるトップ人事の失敗

良い時の経営は誰にでもできますが、悪い時の経営にはかなりの力量が求められます。その点、創業者というのは企業を成長させる過程で数々の修羅場を踏んでいるだけに危機を察知する能力も高ければ、危機を乗り越えるためにはどんなことでもするという強い意志を持っていますが、こうした能力は「生まれながらの経営者」にはなかなか望みにくいものと言えます。

それにしてもなぜこれほどまでに判断を間違え続けたのでしょうか。

一つには同社が同族企業であること、もう一つは高田社長の経営者としての資質と母親の強い影響を指摘する人がいます。同社は上場企業ですが、その株式の6割は高田家の資産管理会社ＴＫＪと、高田社長、そして母親の暁子《あきこ》氏が握るという典型的な同族企業です。こうした同族企業の特徴の一つは、会社を次世代に引き継ぐことが最大の使命と考え、トップがあまり表に出ないところにあるといいますが、タカタの場合もこれほどの危機にありながら表に出て積極的に説明する姿勢を示すことはありませんでした。

さらに驚いたのは２０１７年5月の日経新聞のインタビューに高田重久氏ではなく、母親の暁子氏が答えたことです。これなどはいくらタカタに強い影響力を持っているとはいえ、「なぜ息子の重久氏ではなく母の暁子氏が答えるのか、理解に苦しみます」と評されたほどです。これでは母親自ら「息子は経営者の器ではない」と世間に表明しているようなものですから、その器ではないトップを頂くしかなかった企業の社員はあまりに気の毒としか言いようがありません。

危機から逃げた経営者、その企業の末路

これら数々の失敗を積み重ねた結果、同社は２０１７年6月に負債総額1兆円を超えて、民事再生法の適用を申請、製造業としては戦後最大の経営破綻となりました。そしてその事業の大半をアメリカのキー・セイフティー・システムズ（ＫＳＳ・中国の寧波均勝電子の１００％子会社）に売却しました。

わずか１７５０億円の買収額でしたが、これによりそれまで第4位だったキー・セイフティー・システムズはエアバッグの世界シェアで第2位に躍り出ることとなりました。

ものづくりに絶対はあり得ません。予期しないトラブルや不良が出ることもあるわけですが、その際、トップが危機感を持って真因解明の先頭に立ち、真摯に説明を行えば、お客さまや取引先の理解や協力を得ることも不可能ではありません。大切なのは経営者は危機から絶対に逃げないことです。

タカタの失敗、それは同族経営にこだわるあまり、経営者の器ではない人間をトップに据えたことと、そのトップが最も手腕を発揮すべき時に逃げてしまったことです。鳥羽伏見の戦いにおいて徳川慶喜《とくがわよしのぶ》がまさに戦いのさ中にある部下たちを捨て、船で江戸へと逃げ帰ったことが徳川幕府の終焉を招いたわけですが、肝心な時に矢面に立つことを避けるトップの下で部下たちが戦うことは不可能なのです。

経営者とは「危機」の時にこそその真価が問われるし、危機に弱い経営者が率いる企業に待っているのは「敗北」だけです。まさに「企業の良し悪しは経営者で決まる」をタカタの二代目経営者と三代目経営者ははっきりと教えてくれています。

日産・ゴーンの失敗

カルロス・ゴーン氏が経営危機に陥っていた日産自動車のＣＯＯ（最高執行責任者）に就任したのは１９９９年6月のことです。フランスのタイヤメーカー・ミシュランを経て、42歳の若さでルノーのナンバーツーに就任、ピンチや苦境をチャンスに変えることでメキメキと頭角を現してきただけにゴーン氏には「コストカッター」という異名とともに、「再建請負人」としての期待もかけられた中での就任でした。

実際、当時の日産は瀕死の状態でした。１９９２年以降の7年間でたびたび最終赤字に陥り、自動車関連事業の有利子負債は約2兆円と、存続の危機に瀕していました。日産と言えば、かつては「技術の日産、販売のトヨタ」と評されるほど高い技術力を誇る企業でしたが、一方のトヨタがハイブリッド車「プリウス」の開発などによって世界一の自動車メーカーへと突き進むのに対し、当時の日産はこれというヒット車も持たず、ただただ赤字を垂れ流す存在に成り下がっていました。

経営再建の卓越した手腕

「このままでは日産自動車はなくなってしまう」という現実を前に、日産経営陣は最初、ドイツのダイムラー・ベンツに助けを求めますが、同社がアメリカのクライスラーを相手に選んだことで、日産経営陣の思惑は頓挫します。そんな日産に救いの手を差し伸べたのがルノーです。当初は日産より規模の小さいルノーに助けを求めたとして、本当に日産は救われるのかという声もありましたが、ルノーは99年に日産に6430億円を出資するとともに、ゴーン氏を派遣、再建の任に当たらせることにしたのです。

なぜ日本と縁もゆかりもないゴーン氏だったのでしょうか。理由はゴーン氏の経歴にあります。1954年にブラジルで生まれたゴーン氏は祖父がレバノンからブラジルに移民したレバノン系移民三世です。レバノンで少年時代を過ごした後、1972年からフランスに移り住み、フランスのエリート養成校・国立理工科大学エコール・ポリテクニークに入学、その後、国立高等鉱業学校エコール・デ・ミーヌへと進んでいます。

レバノン人の親は男子には医師やエンジニア、女子には薬剤師になることを求めると言われるほど徹底した理系志向ですが、その影響もあり、ゴーン氏はアメリカのＭＩＴへの進学も考えたほどの理系エリートで、その数字の強さは自他ともに認めるところです。

大学を卒業したゴーン氏はブラジル赴任の条件にひかれてミシュランに入社、年率１０００％のハイパーインフレが続くブラジルでＣＯＯとして赤字続きのミシュラン・ブラジルの経営再建に成功したことで頭角を現し、さらにミシュラン北米ＣＥＯとして赤字だったユニロイヤル・グッドリッチとの統合も実現、１９９６年にルノー上級副社長に転身しています。

その卓越した手腕を買われての転身でしたが、その期待通りにフランス政府やベルギー国王、労働組合のすさまじい反発を受けながらベルギーのビルボード工場を閉鎖、合計２００億フランのコスト削減に成功するという華々しい成果を上げています。こうした経験の中で生み出されたのが日産再建でも大いに力を発揮したＣＦＴ（クロス・ファンクショナル・チーム）であり、「経営における迅速さというのは、決定の迅速さではなく、行動の迅速さ」という考え方です。

瀕死の日産、V字回復

これだけの修羅場をくぐり抜け、数々の成果を上げてきただけにルノーが日産再建にあたってゴーン氏を送り込んだのは当然のことと言えますし、ゴーン氏自身、日産再建にかなりの自信を持っていたのも決して不思議なことではありませんでした。

１９９９年8月の日経新聞記者のインタビューでこんなことを話しています。

「その時（日産を去る日）までに日産の世界市場でのシェア、利益、財務内容の3点で目に見える成果を出したい。質的な面でも日産の人々が自らの将来に自信を持てるようにしたい。企業が利益を生み出していないなら、そこには当然、ムダがあるということです。逆に見ればそこに進歩のチャンスがある。私は観光のために日本に来たわけではない。必要なことはやる。市場シェアは下がり続け、赤字も続いた。日産の人々も、もううんざりだと思っています。彼らにも日産を復活させたいという強い動機がある。私はためらいはしません」

この時、ゴーン氏が強調したのは「言葉ではなく結果で判断されたい」でした。そして

「経営者の言葉と結果が一致、成功した時にこそ社員との間に高いレベルの信頼関係が生まれる」とも話しています。ゴーン流改革の代名詞とも言える「コミットメント（必達目標）」の文化こそが日産を再生させるという自信がそこには溢れていました。

実際、この頃のゴーン氏の動きは素早く、見事なものでした。ゴーン氏はＣＯＯに就任する前の１９９９年4月から日本に赴任、工場や研究所を精力的に回って、数百人に上る若手幹部や社員たちと対話を進めています。社内のノウハウやアイデアを吸収しようと部門を横断する「クロス・ファンクショナル・チーム」も結成、正式に着任して間もなく「日産リバイバルプラン」を策定しています。

そこに掲げられたのは村山工場をはじめとする国内工場の閉鎖や大幅な人員カット、調達コストの削減や保有株の売却、市場ニーズに合っていなかった商品政策の改定など、多岐にわたるものでした。いずれも大きな痛みを伴うものばかりであり、たとえ必要と分かっていても日産の旧経営陣なら絶対に決断できないし、ましてや実行に踏み切ることなどできないものでした。

それだけに本来なら得意のコストカットにつながるものとして強硬な反対にあっても不思議ではありませんでしたが、その決定過程が透明で、日産の若手社員の意見を吸い上げたものだったこと、そして何よりゴーン氏の「超人並みの忙しさと溢れんばかりのエネルギーと再建にかける強い情熱」がそれまでの経営陣とまるで違ったこともあり、「ゴーン氏なら日産を変えてくれるかもしれない」という期待感を高め、日産社員を目標達成に向けて突き動かしたのも事実です。

結果、２０００年度には日産は３３１１億円の純利益を計上、瀕死の日産を「Ｖ字回復」させたその鮮やか過ぎる手腕は各方面から讃えられ、ゴーン氏は「カリスマ経営者」として一躍脚光を浴びることとなったのです。

経営のかげり、目標に対する甘さの生まれ

実際、当時のゴーン氏は「ワーカホリック」と呼ばれるほど精力的に動き回っており、日産の元幹部をして「来日してからの5年間はすごかった」といまも言われるほどです。それは数字の上からも証明されており、１９９９~２００１年度の「日産リバイバルプラン」、２００２~２００４年度の「日産１８０」という中期経営計画に関しては、いずれも「１００点満点」以上の成功をおさめており、ゴーン氏得意の「コミットメント」に相

応しい結果を残しています。

問題はその先にありました。２００５年５月、ゴーン氏はルノーのＣＥＯに就任しますが、その時期を境にゴーン氏にはいろいろな変化が表れ、日産の経営数字に関しても中期経営計画を達成することができず、営業利益率などの数字も低下し始めています。もちろんその間、２０１６年に三菱自動車への資本参加をすることで、ルノー・日産・三菱自動車合計で販売台数１０００万台を達成、トヨタやＶＷと並ぶ「１０００万台クラブ」入りを果たすなど規模の拡大には成功していますが、同グループをトヨタやＶＷ、ＧＭに匹敵する自動車メーカーと呼べるかどうかには疑問が残ります。

つまり、ゴーン氏は最初の５年間こそは見事な経営手腕を発揮し、日産を見事に再建したものの、ルノーのＣＥＯに就任して以降はさまざまな面で「変わってしまった」と言うほかはありません。以下、その変化を見ていくことにします。

「ゴーン氏が変わった」ことの一つは、「自らコミットメント文化を破壊した」ことにあります。「週刊ダイヤモンド」によると、外国人社員が増えてくる中で、「数字は唯一の共通言語」であり、「経営再建当時、この新しい文化は間違いなく会社のエネルギーになった」と言いますが、２０１０年代に入ると社員は目標を達成するために無意味な目標を掲げたり、目標に関係のない仕事をやらなくなるという悪弊が目立ち始めたと言います。

さらに販売台数目標を達成しようと高い販売奨励金を付けて、言わば利益度外視の営業を行うケースもあるなど、自分たちが掲げた目標を達成するために「やってはならないこと」を行ったり、手段を選ばないという傾向も出てき始めました。

こうした傾向を助長させたのが「コミットメント」を掲げるゴーン氏自身の「目標に対する甘さ」でした。ゴーン氏自身、日産リバイバルプランや日産１８０こそ達成していますが、以後は販売目標の達成を先延ばしするなど必ずしも「コミットメント」という言葉通りには責任を果たしていません。代わりに責任を取らされたのが、２０１３年11月に行った志賀《しが》俊之《としゆき》最高執行責任者の解任です。

日本人トップには責任を取らせても、自らは責任を取ろうとしない、こうしたゴーン氏のやり方は社員には変わらずコミットメントを求めながら、自らの責任に関しては甘い査定しか行わないことで、本来は日産再生の原動力だったはずのコミットメント文化を破壊することになったと指摘されています。

先に紹介した日経新聞記者とのインタビューでゴーン氏は「経営者の言葉と結果が一致し、成功した時にこそ社員との間に高いレベルの信頼関係が生まれる」と言い切っていました。たしかに最初の５年間はこうした姿勢に徹することで日産の再生を牽引したゴーン氏ですが、以後は社員に厳しく、自らに甘くなったことでせっかくの強みを放棄することになったとも言えます。

カリスマ経営者がカリスマたりうるのは、たとえ厳しくとも「結果を出す」からにほかなりません。また、「己に厳しい」からこそ社員はそのトップを信頼するわけですが、ゴーン氏はルノーのＣＥＯに就任して以降、「自分に甘い」そんな経営者になってしまったのかもしれません。

「質」よりも「規模の拡大」という危うさ

そんなゴーン氏がひたすらに追い求めたのが「規模の拡大」です。１９９０年代に世界の自動車業界で言われていたのは「４００万台クラブ」という言い方です。年間の生産台数が４００万台ないと世界市場で生き残るのは難しいと言われ、業界の再編や提携が盛んに行われたものです。

しかし、近年では４００万台ではなく、「１０００万台クラブ」と言われるようになり、トヨタやVWが達成し、それに続いたのがゴーン氏率いるルノー・日産・三菱自動車連合です。もちろん企業である以上、規模の拡大を追うことは間違いではありませんが、ゴーン氏の問題は1000万台という規模、世界一の自動車メーカーという称号を手に入れようと突っ走ったものの、肝心の「質」が伴わなかったところにあります。

「週刊ダイヤモンド」によると、最近の日産は北米での販売台数増を狙うあまりインセンティブをばらまいた結果、営業利益率が3・1%（2018年3月期）と低収益にあえいでいたほか、いくつもの工場を立ち上げるなど戦線を拡大したことで人材や品質面でも無理が生じつつあったといいます。

質が伴わない規模の拡大は必ずと言っていいほど品質問題を起こします。かつてトヨタ自動車が大規模リコール問題を起こした時も、当時のトヨタは世界中に次々と工場を建設、すさまじいスピードで生産台数を増やし続けた結果の品質問題であり、大量在庫を抱えての赤字決算へとつながっています。

以来、新社長に就任した豊田章男氏は「台数」のことを口にするのではなく、「いい車をつくろうよ」と「品質」を重視するようになっていきますが、たしかに自動車メーカーにとって台数を無視することはできませんが、「台数だけ」「規模の拡大だけ」を追い求めると必ず「品質問題」や「利益の低下」などに突き当たります。

にもかかわらず、ゴーン氏が規模の拡大に執着し続けたのは「世界一」になりたいという欲があったからではないでしょうか。「週刊ダイヤモンド」によると、ゴーン氏が三菱自動車への資本参加を決めた期間はほんの２週間だったといいます。緻密な資産評価もなく、それほどの早さで決めた理由を日産幹部はこう言っています。

「販売台数１０００万となり世界一へリーチがかけられる、というゴーンさんの私的野心が働いた」

過去の歴史をひも解いても、「日本一」などを達成した後に転落への道を辿った企業は少なくありません。質を伴った成長、着実な成長の結果としての「日本一」「世界一」であれば何の問題もありません。まさに経営者の手腕が評価されてしかるべきですが、そこに無理な提携や合併、本業と関係のない新規事業への進出といった「拡大のための拡大」があった場合、「世界一」や「日本一」は経営者にとって一時的な称号とはなっても、かえって経営を危うくするというのが世の常です。

ゴーン氏による拡大にもそんな危うさがあります。たしかに生産台数は増え、念願の１０００万台クラブ入りはしたものの、売上高が増えた割に利益率は停滞し、工場の稼働率もトヨタやＶＷに比べて低いとされています。日産の再建に取り組み始めた当時のゴーン氏は利益率などにこだわる経営者でしたが、ルノーＣＥＯに就任して以降は質以上に量にこだわり、規模を追うようになっています。

こうした経緯を見ると、ゴーン氏が欲しかったのは「優れた自動車メーカーの経営者」ではなく、「世界一の自動車メーカーの経営者」「並みの自動車メーカーを世界一に押し上げた」という栄誉だったのではないかとも思えてきます。

権力集中、日産の私物化、そして失墜

こうした決断の数々を可能にしたのが徐々に進んでいったゴーン氏への権力集中です。日産の再建に着手した頃のゴーン氏は現場にも頻繁に足を運び、社員の話も聞きながら迅速な決断と迅速な実行を旨としていましたが、ルノーのＣＥＯに就任して以降は統治範囲が広がったこともあり、自らが日産で立ち上げた人材発掘養成機関「ＮＡＣ（ノミネーション・アドバイザリー・カウンシル）」への出席頻度も減り、現場感覚の衰えも感じられるようになったといいます。

それを補おうと自らが信頼する役員に任せるだけでなく、日産の役員などの人事権と報酬決定権を握ることで役員を自らのコントロール下に置くようになったと言われています。結果としてゴーン氏にすべての権力が集中し、「もの言えぬ風土」を生み、高額報酬など、ある意味「日産の私物化」に近い権力構造ができ上がったというのが大方の見方です。

こう見てくると今回のゴーン氏の問題は、長期政権のもたらすひずみが日産のあちこちに生じ、せっかく再生した日産という企業を再び危機に陥れる危険をはらんでいると言うことができます。

ゴーン氏が倒産の危機にあった日産に持ち込んだ経営手法は間違いなく素晴らしいものであり、だからこそ日産は再生することができたわけですが、ルノーのＣＥＯに就任して以降は自らの名誉欲や権力欲、金銭欲を満たすために「日産をいかに上手に利用するか」という側面が強くなったように感じます。

ゴーン氏が日本に来た当時、言われていたのは「日産再生に成功すれば、３、４年後にルノーのナンバーワンになるか、あるいはほかの大手自動車メーカーへ華麗なる転身をするのではないか」という観測でした。当時、ゴーン氏はこうした質問に「終わった後にどうなるかなんて考えていません」と答えていましたが、たしかに当時は日産に長居するつもりはなく、日産の再生にある程度の目途をつけたら「さらなるステップアップを狙う」と考えていたはずです。

ところが、日産再生が期待以上の成果を上げ、ゴーン氏に対する評価があまりに高くなったことでゴーン氏の中に変化が生じ、長期政権の弊害が徐々にもたらされるようになったと考えることができます。

事実、ゴーン氏が去った後、西川《さいかわ》体制で改革を進めるにつれ日産の販売台数は低迷し、利益率も急速に低下、2019年7月には世界で1万人を超えるリストラを余儀なくされています。質を伴わない規模の拡大のツケが回ってきていると言え、日産もルノーも今後いかに健全さを取り戻すかが大きな課題となっています。

私自身はゴーン氏を大変高く評価していただけに、この「カリスマの失墜」をとても残念に思っています。逮捕された数々の容疑の真偽はともかく、たとえ裁判でどんな結果が出ようとも日産の再建においてゴーン氏が行った数々の施策やその業績が否定されることは決してありません。そのやり方はまさに「プロ経営者」ならではのものだったと、いまも評価をしています。

しかし、一方でこれほどの優れた経営者でさえ長く権力の座にいるとたくさんの間違いをするし、ゴーン氏の取り巻きを含めてやはり「権力は腐敗する」と言わざるを得ないのも事実です。「権腐10年」という言葉があるそうです。権力の座に10年もいると、その権力は腐敗するというわけですが、最近では10年よりもさらに短くなっています。特に大きな成功をおさめた人であればあるほど5年、７年といった期間で長期政権の弊害があちこちで生じる傾向があります。

もちろんそれ以上に長く権力の座に就きながらそうならない人もいますから、一体、その違いはどこにあるのかも大いに関心のあるところです。これまでも「カリスマ経営者」「名経営者」と呼ばれた人たちが長く権力の座にいることによってさまざまな問題を引き起こしたり、企業を存亡の危機に追い込んだりすることはよくありましたが、カルロス・ゴーン氏の逮捕によって長期政権の持つ危うさが一段とはっきりしてきました。

第3章　危機回避の法則

伊藤忠商事・丹羽宇一郎の危機回避

バブルの崩壊によって多額の負債を抱えることになった企業はたくさんあります。「これは確実に価格が上がるからタイミングよく売れば莫大な利益を手にできる」「この不動産は値上がり確実だから持っておけば含み益が期待できるし、何かの時には売ればいい」といった理由で日本各地や世界の土地や建物、ゴルフ場などを買いあさった挙句にバブルがはじけ、多額の含み損と多額の借金を抱えて苦労した企業は少なくありません。

バブル期にそもそもこうした投機（投資ではなくあえて「投機」と書きます）に手を出さなかった企業はその後も順調に成長しましたし、こうした損失を早めに処理することのできた企業も何とか危機を乗り越えることができましたが、問題は赤字決算になるのを避けようとこれらの損失処理を先延ばしした企業です。

そこには「いつか再びバブルが来て価格が上がれば損失はすべてチャラにできる」という淡い期待や、あるいは「自分がトップのうちは何とか少しずつ処理して赤字を出したくない」という見栄があるわけですが、最終的に「価格が上がる」ことがなければいつか爆弾は破裂するだけです。

すると、こうした事態を避けようと「数字をごまかす」ようになり、いくつもの企業が陥った「粉飾の泥沼」に落ちることになります。それを避けるためにはどこかで誰かが「泥をかぶる」ことが必要になりますが、その役目を果たしたのが名門・伊藤忠商事の社長・会長を歴任した丹羽宇一郎《にわういちろう》氏です。

「企業の良し悪しは経営者で決まる」と言いますが、当時の丹羽氏の決断を見ると、危機に陥った企業を「泥沼に叩き込む」か、それとも「Ｖ字回復させる」かはまさに経営者の決断にかかっていることがよく分かります。

決断できない経営陣

伊藤忠商事といえば、言わずと知れた日本を代表する名門商社です。１８５８年、初代伊藤忠兵衛《いとうちゅうべえ》氏が現在の東京都港区・麻布の持下り行商を開始したことをもって創業とする、社歴１６０年を誇る企業だけに、それほどの企業が１９９９年10月に商社業界では最大規模の3950億円もの特損処理を行うという方針を発表した時は大変な驚きでした。

原因はバブル期の拡大戦略にありました。バブル期には金融機関にしろ、商社にしろ、不動産会社や不動産などに多額の融資を行っていますが、それらがバブルの崩壊によって不良債権化してしまい、たくさんの売れない土地や建物を抱えることになってしまったのです。この当時の状態を当時社長だった丹羽氏はこう話しています。

「『あれ、何でこんなものがあるんだ?』『エッ、こんなにあるの?』という状態だったんです。ただひたすら担保の価値が上がるのを待っていると、浜の真砂のように際限なく損が出てきます。一生懸命稼いでも、全部その損に吸収されてしまう。これが続くと、さすがにウンザリしてきます。どれだけ稼いでも儲からないわけですから、給料も増えません。人材も増やせません。毎日が暗くなる。社員にも厭世観が生まれてくる。私自身もそうでした」

含み損というのは不動産などの価格が大幅に上がれば一気に解消することもできますが、価格が下がり続ける場合には含み損は膨らみ続けることになります。仮に下がらなくとも一気に処理するのではなく巨額の含み損を抱えたままにしていると、毎年、利益の範囲内で処理するため時間もかかりますし、「いつまでたっても終わらないなあ」という気持ちになってきます。

もし本業での利益が落ち込んでしまうと損失の一部処理さえできないため、さらに先送りするか、最悪の場合、粉飾に手を染めることになりかねないだけに、多額の不良資産や含み損には怖さがあります。丹羽氏が社長になる以前から、含み損が出始めているという話は出ていたと言います。

業務部長時代、ある会議の席上、含み損の話題が議題に上り、丹羽氏はこう言いました。

「半分、目をつぶって切るべし」

株式投資などで言われる「損切り」です。「いつか値上がりするのでは」という淡い期待を持って損の出ている株を持ち続けると、その損失はほとんどの場合、膨らみ続けて手に負えなくなってしまいがちです。それを避けるためには思い切って「半分切る」方が傷が浅くなるというのが相場における経験則です。

丹羽氏はこうした考え方から「半分切る」ことを提案しますが、当時の副社長の「このバカヤローッ」の一言で打ち切られてしまいました。理由は経営陣の中に「いずれ上がる」という期待があり、どれほどの含み損を生んでいても切るという決断ができなかったからでした。

「20世紀の負の遺産は20世紀のうちに片づけたい」

その後も何年にもわたって損失処理は先送りされ続けました。丹羽氏はその後も主張し続けますが、結果的には「さまざまな手立てを講じながら順次処理を行っていく」という「ありがちな結論」に落ち着き、その通りに進んでいきました。

こうした「少しずつ処理する」やり方に決着をつけたのが1998年に社長に就任した丹羽氏です。当然、迷いがありました。多額の含み損を抱え続けることが企業にとって健全なことではないことは誰しも理解しますが、それを一気に処理すれば企業の決算は大赤字になり、配当などもできなくなり、株主から厳しい批判を浴びることになります。

丹羽氏も2つの点から大いに悩みました。

一つはあまりに多額の減損処理を行うことで「底が抜けて」しまった場合、百数十年にわたる伊藤忠の歴史に幕を引いてしまうのではないかという怖さです。

そしてもう一つは、「このまま先送りしつつ、騙し騙し処理していけば、社長でいる間に汚名を着ることもない。その間に景気も良くなるかもしれない」、というトップとしての欲でした。

ビジネスパーソンにとって「社長」というのは憧れのポストです。当然、自分が社長でいる間は「良い数字」を上げたいと人一倍強く思うものです。それ自体はがんばる原動力となりますが、問題はその欲が間違った方向に向かった時です。本来、赤字であるにもかかわらず、「自分が社長なのにこんな決算を発表するわけにはいかない」「前年よりも毎年、いい数字にしなくては」といった「欲」が強く出てくると、東芝の経営者がそうであったように「数字をごまかす」ようになってしまいます。

丹羽氏もこうした悩みを抱えながら「10回以上、やるべきかやらざるべきか逡巡した」といいます。そして最終的に「３９５０億円の不良資産処理に関わる特別損失」を出すことを決断しています。この決断に対して、経営陣からは「そこまでやる必要があるのか」「もし会社が潰れたらどうするんだ」という反対意見も出ましたし、金融機関からも「そこまでやることはないのでは」という慎重な意見もあったといいますが、「20世紀の負の遺産は20世紀中に片づけたい」と考える丹羽氏は結論を変えることはありませんでした。

当時の伊藤忠には十分な現預金があり、会社の経営がすぐにおかしくなるという不安はありませんでした。しかし、大きな赤字を計上する以上、無配になることは避けられません。株価が大きく下がる恐れもありますが、丹羽氏は「最後は私が責任を持つ」として踏み切ったと言います。

結果、株価は上がり、市場はその決断を評価したのでした。

社会・社員に対して嘘をつかない

責任の取り方の一つとして、丹羽氏は「当分、ただ働きする」と宣言しています。給与の返上です。理由はこうです。

「トップというのは、会社が苦しい時には真っ先に苦しみ、順調な時は最後にいい思いをする。そういうものだと思います」

企業によってはこれと反対のことが行われがちです。企業が儲かれば、その利益でトップと一握りの幹部がいい思いをして、社員にはほとんど何も回ってこず、業績が悪化するとトップは変わらず利益を享受しながら、社員には業績悪化のツケを回す経営者が少なくありません。

先だっても長年、赤字の続く企業のトップが毎年、数億円もの報酬を受け取り続けてきたというニュースがありましたが、トップに立つ人間にはせめて「社員と共に喜び、社員と共に苦しむ」という程度の気概は欲しいものです。

２０００年3月、巨額の特損処理によって単体で１６３０億円の赤字を計上した伊藤忠商事ですが、翌年には連結で純利益７０５億円という過去最高益を達成しています。いわゆる「V字回復」です。

その理由を丹羽氏は財務体質の改善と、伊藤忠テクノサイエンスの上場のお陰と話していますが、もう一つ見逃せないのが「すべての膿を出した」ことによる社員の変化でしょう。丹羽氏はこう振り返っています。

「何より良かったのは、社員に対して嘘をつかなかったということです。いままでは机の中にしまってある損失について、経営陣が口ごもることもあったと思います。それがなくなり、明るい会社になった。会社は社会の公器ですから、その経営者が社会に対して嘘をついてはいけない。これは確信です」

「会社の数字をごまかす」というのは、社会に対する嘘であると同時に、社員に対する嘘でもあります。そうやって飾り立てられた数字を信じ、会社のためにがんばってきた社員がある日突然、「この会社は実はずっと嘘をついてきた」と知らされた時の気持ちはどんなものでしょうか。結果、信じていた会社に裏切られ、職を失い、路頭に迷うことになったとしたら、これほど悲惨なことはないし、経営者としてこれほどの罪はありません。

丹羽氏の言う「会社は社会に対しても、社員に対しても嘘をついてはいけない」というのは当たり前ながら、とても大切な原則なのです。

退任前にすべての負の遺産を一掃

丹羽氏は伊藤忠商事の社長・会長を務めた後、中国大使や日本郵政の取締役など多方面で活躍していますが、伊藤忠の負の遺産を一掃してV字回復させた経営者として伊藤忠商事に長くしがみつくことはありませんでした。

とかく成果を上げた経営者は院政を敷き、会長はもちろん、相談役になっても、顧問になってもその人事に関わろうとするものですが、丹羽氏は最初から「社長任期6年」を公言、その言葉通りに2004年に会長に退いています。

なぜ「任期6年」を公言したのでしょうか。

理由は、任期を公にすることで、自分の引き際を定めると同時に、若い社員に次の社長候補を意識させるためでした。そしてそのうえで２００４年３月期決算では２００５年度からの適用が決まっていた「固定資産の減損会計」を早期適用することで３２０億円の赤字を計上するという驚くような決断をしています。

これは企業が保有する固定資産の価値が簿価を下回った場合、その減額を計上する会計のやり方ですが、丹羽氏は退任に際して「花道を飾る」のではなく、「すべての負の遺産を一掃する」形で退任しています。こうした時、ほとんどの経営者は決算の見映えを良くしようと、「3年かけてやれ」「来年なんだから急ぐことはない」という指示を出しがちですが、丹羽氏は「一気にやれ」と指示することで「後継者に健全な企業を受け渡す」道を選んでいます。

こうした丹羽氏の決断の数々を見ると、企業の命運は経営者の決断一つで大きく変わることがよく分かります。経営者の「私欲」が前面に出ると判断が鈍りますが、「企業は社会の公器」という考え方に立てば「何をすべきか」ははっきりしてきます。企業の良し悪しは経営者で決まる以上、経営者には常に「最善の判断」が求められ、そうした判断の一つひとつが企業を地獄に落とすか、健全な企業として成長し続けることができるかを左右することになるのです。

トヨタ自動車・豊田章男の危機回避

日本を代表する企業と言えばトヨタ自動車ですが、そんなトヨタも存亡の危機に陥ったことがあります。2008年のリーマンショックに続いて、2009年から2010年にかけては世界規模のリコールを行い、さらに2011年には東日本大震災と、まさに「100年に一度」規模の危機を相次いで迎えています。

その結果、2008年3月期決算では2兆2703億円を記録した営業利益が、2009年3月期決算で4610億円もの営業赤字へと転落しています。そして以後、しばらくの低迷の後、2013年3月期決算で営業利益は1兆円を突破、翌2014年3月期決算では2兆2921億円と過去最高益を記録しています。

トヨタはなぜあれほどの危機を乗り越えることができたのかを考えること、それは危機に陥った企業の経営者はどのように決断し、どのように実行するべきなのかを知ることでもあります。

「赤字はいかんが、嘘はもっといかん」名誉会長の決断

２００９年６月のトヨタの株主総会である株主がこう提案したと言います。

「渡辺さん（当時社長の渡辺捷昭《わたなべかつあき》氏）がトヨタを２・２兆円の黒字から４５００億円の赤字にした。ギネスブックにこの赤字を申請したらどうでしょうか。もう破られることもないと思うので」

「週刊東洋経済」によれば、質問者の口調はとても丁寧なものでしたが、挑発的な提案に会場は静まり返り、議長を務める渡辺氏の顔はみるみる引きつったといいます。それでも渡辺氏は冷静さを取り戻すと「ご意見は今後の参考にさせていただきたい」と答え、その場は収まりましたが、たしかに２兆円を超える黒字を計上していた企業が１年後に４０００億円を超える赤字に転落するなど誰にも想像できないことでした。

この「数字」を巡ってはトヨタ社内でも駆け引きが行われました。当初、２００９年３月期決算の見通しは２兆３０００億円と過去最高を記録するはずでしたが、リーマンショックを受けて２００８年11月時点での見通しは６０００億円へと激減、さらに12月に入る

と1500億円の赤字転落が確実になってきました。

2兆円の利益を生む企業が赤字に転落するという事態にトヨタ社内ではさまざまな意見が出ました。トヨタほどの規模と体力があれば、販売数量の見込みや、為替レートの設定次第で「どのような決算数字にするか」をある程度は左右することもできます。

12月時点で用意された見通しは3つでした。

「1000億円の黒字」

「ゼロ」

「1500億円の赤字」

この3つの案に対して、会議では「赤字はいけません」と主張する役員もいましたが、最終的な断を下したのは名誉会長の豊田章一郎《とよだしょういちろう》氏でした。こう言いました。

「赤字はいかんが、嘘はもっといかん」

トヨタという企業にとって「赤字」は71年ぶりになります。長く「日本一の高収益企業」であったトヨタにとって赤字転落は「あってはならないこと」ですが、それ以上に章一郎氏が重視したのは「市場に嘘をついてはいけない」ということでした。

数字を操作して、たとえば「1000億円の黒字」を出せば、厳しい数字ではあっても体面を保つことができます。一方、赤字を計上すれば、「71年ぶりの赤字」と一気に逆風を受けることになります。

経営者というのはこうした時、どうしても「体面」を保ちたくなるものですが、章一郎氏は数字を甘く見積もることは現実から目をそらすことであり、市場に嘘をつくことになるという理由から「すべてを正直に表に出す」ように説いています。

これは経営者にとっては何とも辛い決断ですが、もしこの時、トヨタが体面を保とうと「甘めの決算」を発表していたとしたら、はたしてその後のV字回復があったかどうかは疑わしいところです。

経営者が決断を求められるのは「Y字路」においてです。分かれ道で右へ行くか、左へ行くかという決断を迫られ、「会社のために」という実は「自分のため」に安易な道を選んでしまうことこそが、企業を危機へと追い込むことになるのです。

社長自ら矢面に立つ

トヨタは最初の危機で「思い切って赤字をすべてさらけ出す」という決断をすることで

再生への足掛かりとすることができましたが、その後、さらなる危機に見舞われます。世界規模のリコールです。

アメリカにおいて、トヨタ車を運転中に発生した急加速事故の原因がトヨタ車にあると主張され、数百件の訴訟も起こされたことでトヨタは大規模リコールに踏み切ったほか、2009年6月に社長に就任した豊田《とよだ》章男《あきお》氏がアメリカ議会の公聴会（2010年2月）に呼び出されるという事態も招いています。

これらの事故が多発した当初、トヨタ社内ではフロアマットがずれてアクセルペダルが踏まれた状態のまま戻らなくなる恐れがあると発表したものの、責任の一端は運転する側にもあると、明確にトヨタの責任を認めてはいませんでした。そのため、厳しい質問が飛び、証言次第では偽証罪に問われる恐れのある公聴会へは、豊田社長自ら出席するべきではないという意見もありました。

「原因が判明しないうちに出るべきではないし、謝罪するべきではない。専門的なことはその道のプロに任せればいい」というのが当初のトヨタ社内の空気でした。こうした姿勢に対してアメリカでは「事態の深刻さが分かっていない」とさらなるトヨタ・バッシングが吹き荒れることになりましたが、こうした荒々しい空気を変えることになったのが豊田社長自らが公聴会やアメリカのメディアに出席して自分の言葉で説明をしたことでした。

当時を振り返って豊田社長はこう話しています。

「公聴会の時、２週間の短い準備期間で、誰を守るんだという考えをまとめていった」

「公聴会で、私の責任者としての立場は非常に明確になった。現在・過去・未来を代表して謝罪をした。あの一瞬から、トヨタ自動車、トヨタグループの責任者はやっぱり私だなというのを、私が言うのではなく、世の中はそう見ているということがはっきりした」

「公聴会。もう社長としては終わったなと思った。終わったけれども、初めてトヨタの役に立てるということがすごい喜びだった」

「責任を取る。謝罪をするのも私の役割だ」

これほどの覚悟で公聴会に臨んだ豊田社長は、３時間20分に及ぶ公聴会で、議員の鋭い質問に真摯に回答しています。最初に伝えたのは「私は誰よりも車を愛し、誰よりもトヨタを愛している。すべてのトヨタ車には私の名前が入っている。車が傷つくことは、私自身の身体が傷つくことに等しい」という「車への思い」であり、丁寧な回答を続けた後、こう締めくくっています。

「より透明性が高く、客の安全性を最優先にする会社に再生するように、微力だが全力を尽くしていきたい」

公聴会終了後、タウンズ委員長はこんな言葉を口にしました。

「これまで彼がこの問題の深刻さをどれほど理解しているか分からなかった。でも、今日の話を聞いて、何か変えてくれると感じた」

バッシングを抑えた真摯な姿勢

公聴会を終えた豊田社長はその足でＣＮＮの看板トーク番組「ラリー・キング・ライブ」に出演しています。本来、トーク番組、それも生番組ともなると、公聴会以上に失言が命取りになることがあります。にもかかわらず、あえて出演を決めたのは、「自分自身の言葉で直接車を買ってくれる消費者に語りかけたい」という思いからでした。

冒頭から「リコールの責任は誰にあるのか？」「消費者に何ができるのか？」「トヨタ批判は日本叩きだと思うか？」といった厳しい質問が続きましたが、豊田社長は言葉を選びながらもしっかりと自分の言葉で答えていきます。

「多くの反省をした。お客さまの苦情、意見にもっともっと耳を傾けていきたい」というお詫びや反省の言葉も口にしています。

そんな豊田社長へのイメージを大きく変えたのが「車は何に乗っているのか？」への答えでした。こう答えました。

「年間200台ぐらい乗っている。車は大好きです」

自動車メーカーのトップでありながら、今日ではあまり車への愛情を感じないトップも見受けられる時代ですが、トヨタのトップは元社長の豊田英二《とよだえいじ》氏もそうであったように、トヨタでつくられる車をすべて自分で乗って試すというトップが少なくありません。時にクラウンに乗っていたかと思うと、時にカローラに乗ってみる、そんな車が大好きな経営者こそが自動車メーカーのトップには相応しいのです。

豊田社長も自らレースに出場するほどの車好きです。そんな「この人は車が大好きなんだ」というイメージがトヨタに対する逆風を変えたというのが豊田社長の実感でした。

公聴会とテレビ出演の合間を縫って豊田社長はトヨタの社員が集まっていたワシントンのナショナル・プレス・クラブを訪ねています。社員との対話集会に参加した豊田社長はこう語りかけました。

「公聴会で私は1人ではありませんでした。あなた方や全米の同僚たちが私と一緒にいてくれました」

帰国後、豊田社長は幹部社員や系列部品メーカー・販売店の代表者たちにこう訴えかけたと言います。

「公聴会が行われた2月24日をトヨタ再出発の日にしなければならない」

豊田章男氏が社長になる前、トヨタ社内には事故に対して「トヨタは悪くない」「トヨタが間違いを犯すはずがない」という一種の慢心があったといいます。それが対応を遅らせたわけですが、豊田社長になってからはこうした姿勢を改め、認めるべきは認め、改めるべきは改めるように方向を転換、トップ自らが公聴会に出席して自分の言葉で語りかけたことで全米に吹き荒れていたトヨタ・バッシングは静まっていきました。

豊田社長によると、公聴会の準備を通して最も痛感したことの一つは「誰を守るのか」「何を優先するのか」の大切さでした。会社を守るという建前のもと、自分の身を守ってしまえば会社は間違いなく危機に陥ることになります。会社の体面、自分の体面を優先すると、数字をごまかし、責任を回避するようになります。

一方、社員を守り、お客さまとの信頼を守ると決めれば、トップの役目は「嘘をつかず」「責任を取り」「謝罪をする」ものになります。

世界規模のリコールという「Ｙ字路」において、豊田社長がこうした道を選んだからこそトヨタは再生への道を歩むことになったのです。はたしてタカタの経営者のように「逃げる」「自分の身を守る」を選んだとしたらトヨタの姿はいまと大きく違っていたのではないでしょうか。

企業は経営者の価値観を映す

豊田社長が危機にあったトヨタを再生することができた理由の一つはトヨタが長い時間をかけて培ってきた「危機への備え」があったからとも言えます。

１９５０年、トヨタは過剰在庫を抱えて倒産の危機に瀕しています。大労働争議も起こっています。この時、トヨタは金融機関から融資を受ける条件として社員の大量解雇と、創業者・豊田喜一郎《とよだきいちろう》氏（章男氏の祖父）の社長退任を決めています。辞任にあたり、豊田喜一郎氏はこう語っています。

「このような一生のうちに一度か二度しかこないような命取りの時代を乗り切るために、われわれは日ごろから心がけて長い間かかって準備をしなくてはならない。そして、このような難関を突破してこそ、初めて会社は順調な時代に大いなる発展ができるのである」

トヨタが「100年に一度」とも言える3つの危機を乗り越えることができたのは、たしかにそれまでにしっかりと積み上げた内部留保があったからだし、トヨタ生産方式という世界のものづくりを変えた仕組みを築き上げていたからというのも事実です。

しかし、それだけでは危機は乗り越えられません。もし新社長となった豊田章男氏がリコール問題で矢面に立つことを避けたり、あるいは決算数字の体面を取り繕うことばかりに執着したとすれば、せっかくの備えもかえって害悪となったかもしれません。豊田社長は社長に就任して以来、売り上げや利益、販売台数といった「数値目標」を口にせず、「もっといい車づくりを」と言い続けるようになっています。理由はこうです。

「みんなは『去年より上』を目指すから、生産台数を上乗せしたくなってしまうけど、そうなると社内が計画経済みたいになっちゃう。それを止められるのは、社長である自分しかいない」

「これまでトヨタは車をつくっていたんじゃなくて、ファイナンスだなんだとお金儲けしてたんじゃないの？　設備の生産性を高めるのではなく、販売台数計画をつくっていたんじゃないの？　そういうことはもうやめようということ」

企業のありようは経営者の価値観によって決まります。経営者が売り上げや利益、販売台数を何より大切にすれば、下で働く社員もそうなりますし、経営者がいい車づくりを大切にすれば、社員もそうなっていくものです。

企業の良し悪しは社歴や規模以上に、経営者の良し悪しで決まります。経営者が判断を一つ間違えれば、決断のタイミングを一つ誤れば、それだけ企業は危機に向かい、正しいタイミングで正しい判断をすることができれば、企業は危機から脱し、危機をチャンスに変えることもできるのです。

パナソニック・中村邦夫の危機回避

２０１８年に創業１００周年を迎えたパナソニックは、言わずと知れた日本を代表する電機メーカーです。１９１７年、大阪電灯を退社した松下幸之助《まつしたこうのすけ》氏が自宅で改良ソケットの製造販売を開始、翌１９１８年に23歳で松下電気器具製作所を大阪市で設立したのがそのスタートです。

松下氏は小学校を4年で中退、わずか9歳で丁稚奉公に出ています。学問もなく、後ろ盾となる縁者もなく、身体も弱かった松下氏が一代で日本を代表する大企業をつくり上げた物語は多くの人に知られていますが、立志伝中の人物としてだけでなく、松下氏が後年、「経営の神様」として多くの経営者から尊敬されたのはその独特の経営理念、経営手法にあります。

日本中の人々に水道の水が安く飲めるように便利な電化製品を安く幅広く供給したいという「水道哲学」や、余裕を持った経営の勧めとも言える「ダム式経営」のほか、日本初の事業部制や「日に新た」「衆知を集める」といった「松下語録」の信奉者はとても多く、京セラ創業者の稲盛和夫《いなもりかずお》氏などがその代表と言えます。

まさに松下氏こそ「カリスマ中のカリスマ」と言うことができますが、カリスマ経営者、創業者が偉大であればあるほどその企業はカリスマの呪縛から逃れられなくなるという面もあります。１９９１年のバブル崩壊以降、パナソニックはいくつもの問題が噴出、長い停滞期に入り、一時は「変われない日本企業の象徴」とさえ言われた時期があります。

そんな停滞していたパナソニックに変革を持ち込んだのが２０００年６月から２００６年６月まで社長を務めた中村邦夫《なかむらくにお》氏（現在は特別顧問）です。もちろんその後もパナソニックは何度も危機を迎え、現在も改革の只中にあるわけですが、もしあの時期に何も変えていなければ今日のパナソニックの改革はなかったとも言われています。

中村氏の改革すべてが成功したと言うつもりはありませんが、中村時代の改革を追うことは堂々たる大企業を危機から救うためには何が必要なのかを知ることでもあります。

慢心や過信による危機

中村氏が社長に就任した当時のパナソニックは、国内の多くの大企業と同様に過剰設備、過剰債務、過剰雇用という3つの過剰に苦しめられていました。1990年代には子会社のナショナルリースが不動産担保融資に手を広げた結果、料亭の女将に800億円余りを融資、500億円以上も焦げ付かせる、まさにバブルを象徴する事件も起こしていますし、1990年に約8000億円で買収したアメリカの大手映画会社MCAを1995年に売却、ここでも多額の損失を出しています。さらに松下家の資産管理会社的な性格を持つ松下興産がバブル景気に乗って拡大した業務をその後も縮小に向かわせなかったため、ピーク時には7000億から8000億円とも言われる有利子負債を抱えるような危機的状況を迎えてもいました。

いずれも「バブルに踊った末の失敗」でした。しかし、これらは本業以外での失敗ですが、パナソニックに限らず日本の電機メーカーはITを軸とした世界の構造変化についていくことができず、世界で進むデジタル革命にすっかり後れをとっていました。高度成長期から80年代にかけて日本の電機メーカーは世界市場へ次々と打って出ることで躍進の時代を迎えましたが、90年代以降はすっかりその勢いを失い始めてもいました。

つまり、さすがのパナソニックも中村氏が社長に就任した頃はかなりの危機を迎えていたわけですが、当時のパナソニックにはその危機感を共有できている社員は少なかったとも言われています。

中村氏が社長に就任した２０００年当時の同社の時価総額は約6兆円に対し、ソニーは約10兆円でした。中村氏は「このまま放置しておくと、買収の標的にされるから、株価を高めて時価総額10兆円くらいにしないといけないぞ」と幹部に話しますが、国内しか見ていない幹部の反応は「エーッ？」というものでした。

幹部でさえこうです。大半の社員は「松下電器が潰れるはずがない」と高をくっていました。同社はかつて「松下銀行」とも呼ばれるほど潤沢な資金を持っていただけに、社員の中には「うちはお金がたっぷりあるから、１日１億円損しても、20年くらいは大丈夫ですね」と本気で信じ込んでいた者もいたというから驚きです。

あるいは、たとえアメリカやヨーロッパでの販売が不振に陥っても、「だったら国内で売ればいい、無理して海外で売ってもらわなくてもいい」という明らかな慢心が社内にはあったと言います。

たしかに松下幸之助氏は国内最強の企業をつくり上げましたが、その強さゆえに社内に慢心や過信が生まれ、それが危機意識の欠如につながったと言うことができます。

周囲に惑わされず改革を「やり切る」強さ

名門意識、強者意識はさまざまな弊害を生みます。

中村氏が社長となり、「お客さまから社長まで」どれだけの階層があるかと調べたところ、実に「13もの階層」がありました。これでは社員が自由に発言し、思い切り能力を発揮することはできません。階層が過剰だと、肝心のお客さまのために働く社員以上に管理を行う社員ばかりが増えることになります。

「情報の流れは、たくさんの人を経由する伝言ゲームと同じになり、遅くて不正確になり、上に行けば行くほどお客さまから遠くなり、市場の動向に疎くなる」というのが中村氏の分析でした。

こうした「重くて遅い松下」を「軽くて速い松下」に変えなければならないというのが

中村氏の改革のテーマとなりました。

当時、中村氏が掲げたのは長年の不振を脱するための「破壊と創造」という強烈な言葉でした。創業以来初の早期退職の実施、国内大企業の先陣を切った企業年金改革、さらには松下氏由来の事業部制の廃止といった社内改革を次々と行うことで、「軽くて速い松下」をつくり、再び世界と戦える企業に再生しようとしたのです。

もちろん結果はすぐに出るわけではありません。２００２年３月期の決算は売上高が10・５％減の６兆８７６７億円、純利益はマイナス４３１０億円、税引き前損失５４８０億円という惨憺《さんたん》たる数字になりました。中村氏は「創業以来の大赤字を出し、ご迷惑をかけた」と頭を下げた後、しかし「２００２年度は破壊と創造のうち、創造に軸足を置いた経営を行う」と決して方針を変えないという決意を示しています。

ここに改革に取り組む経営者の難しさがあります。中村氏が進める改革に対してＯＢからたくさんの批判が寄せられました。「中村は何も分かっていない」という批判も、最悪の業績を前にヒートアップする一方でした。並の神経なら、「やはり間違っていたのか」と「元に戻す」道を選びかねませんが、中村氏は当時、こう苦笑していたと言います。

「改革をしなければ批判されるだろうし、やればやったでボロクソですわ」

やってもやらなくても批判されるのなら何もやらない方がましとなるのではなく、「やり切る」を選んだことで中村氏の改革は結果へとつながりました。

企業の成長には変わり続けることが不可欠

2003年3月期の決算で同社は見事なV字回復を達成しました。売上高は前年比105％の7兆4017億円となり、営業利益は1266億円と黒字化に成功したのです。中村氏はさらに改革を加速させ、かつて強み、いまや弱みともなっていた系列販売店の再編などにも踏み切っています。こうした改革が功を奏したのでしょう、中村氏が会長（社長は大坪文雄《おおつぼふみお》氏）となっていた2008年3月期の決算では売上高9兆689億円、営業利益5195億円、純利益2819億円という22年ぶりの過去最高の純利益を達成することとなりました。

こうした実績を残しながら中村氏は6年で社長の座を譲っています。在任中、こんな言葉を残しています。

「いまの社長は、何か問題が起きた時は謝罪担当で、首を差し出す役割を担っています。

出処進退を明らかにしないといけません」

「社長は率先垂範で、自ら走らないと社員はついてきません。自分のアイデアなり、力が出なくなったら、辞めなくてはいけない。やっていても意味がないですからね」

「経営者は長くやっていると、傲慢になってきます。部下をあごで使うようになって、イエスマンも増えてくる。その結果、会社を私物化する」

中村氏が「創業以来の大赤字」を出すことができたのは、バブル期の負の遺産を一掃して、「スーパー正直な会社」にしたいとの思いからでした。そのためには「いつでも首を差し出す覚悟」が必要であり、それができたからこそ過去に誰も成し得なかった改革を断行することができたとも言えます。

偉大な経営者に率いられ大成功をおさめた企業では、経営者に従い、経営者の敷いたレールを外れずに走る「番頭型経営者」は育っても、孤独を恐れず、自らの責任で決断する「改革型経営者」は育ちにくいと言われていますが、パナソニックの場合は、バブル崩壊による負の遺産とデジタル革命への後れによる地盤沈下に苦しんでいた時期に、中村氏という改革型経営者が出てきたことで、危機を乗り越えることができたと言うことができます。

もちろん中村氏も万能ではありません。会長となり、相談役となり、次は特別顧問になりと社長を退任した後も長くパナソニックに関わり続けたことの弊害も指摘されていますし、２０１０年代にパナソニックに訪れた危機について中村氏を「戦犯」と指摘する人たちがいるのも事実です。

しかしその一方で、２０００年代の「中村改革」があったからこそ、いまもパナソニックは改革し続けることができると評価する人もいます。

どちらにせよ経営者というのは「何もしない」「何も変えない」人以上に「何かを変える」人は批判にさらされるものです。最も楽なのは前例を踏襲し、無難に進むことですが、その延長線上にあるのは後退であり、衰退だけです。

経営者になった以上、選ぶべきは「大過なく」ではなく、「波風を立てる」ほかありません。企業が成長し続けるためには「変わり続けること」が不可欠であり、時に「抵抗を恐れず自分の責任で行動する改革者」が出てくるかどうかが企業の盛衰を左右することになります。企業の盛衰、それはたしかに経営者によって決まってくるのです。

第4章　「権腐10年」の分かれ道

なぜ「天才経営者」が「天災経営者」になってしまうのか

ここまで「名門」と呼ばれる企業の失敗と成功を見てきましたが、はっきりしたのは「危機」に直面した時に経営者がどのように決断し、どのように行動するかで危機は破綻につながることもあれば、危機を回避しただけでなくV字回復へと向かうことも可能だということです。

ある人が「変化（CHANGE）」には「T（トラブル）」が隠れており、トラブルを解決すれば、「変化（CHANGE）」は「チャンス（CHANCE）」に変わると話していましたが、たしかに危機に際して「現状維持」や「逃げる」「隠す」を選ぶのではなく、あえて「変化」を選ぶことは「再生」への大いなるチャンスとなるのです。

それにしても不思議なのは本来、名門企業の経営者に登りつめるほどの人であれば「優秀」であるはずですし、なかには「中興の祖」と呼ばれるほどの華々しい活躍をした経営者であるにもかかわらず、なぜ経営者として間違った判断をしてしまうのかということです。そこに「権力」の持つ魔力があります。

ホンダの創業者から学ぶ「引き際」の美学

経営者にとって最も大切で、かつ難しいものの一つは「引き際」ではないかと考えています。「経営者」というのは、社長はもちろんのこと、会長や相談役、名誉○○、特別顧問といった会社の運営や人事などに関わる権力者全般を含んでのことです。

「権腐10年」という言葉があると言われています。権力の座に10年も就いていると、権力は腐敗し、さまざまな問題が生じてくるものです。たとえば、韓国では大統領の座を去った人のほとんどがのちに罪に問われ、なかには悲劇的な死を迎えている人もいます。

だからこそ各国の政治リーダーに関しては、フランスが任期2期（連続した任期の最長は10年）、アメリカが任期4年、再選2回までといった制限を加えています。権力、ましてや国家元首の持つ権力は絶大であるだけに、そこに「任期」という制限を加えないと、権力は腐敗し、国家の存亡にさえ関わる危機を迎えかねないというのが人々が長年の経験の中で学んできたことと言えます。

もっとも、その一方で、ロシアは任期6年、連続2期までという制限を加えながら再選制限をなくすことでプーチン氏が事実上の終身大統領を続けていますし、中国も任期2期10年という憲法条文を削除することで習近平氏も終身の国家元首への道を開いています。こうしたやり方がすべて悪いと言うことはできませんが、長過ぎる権力の座というのは時に腐敗の温床になりやすいというのも事実です。

日本の経営者として、いまもその引き際の見事さが語り継がれているのが、ホンダの創業者・本田《ほんだ》宗一郎《そういちろう》氏です。1973年、まだ60代の若さながら、45歳の河島喜好《かわしまきよし》氏に社長の座を譲っています。そのうえ退任後は会長職ではなく、実権のない名誉職・最高顧問に就任しています。共にホンダを創業した藤澤武夫《ふじさわたけお》氏と同時に退任することで、自分の影響力を自ら断った交代劇でした。

本田氏は誰もが認める天才技術者です。一代で「世界のホンダ」をつくり上げた天才経営者でもあります。普通なら、跡を継いだ新経営陣に対して、「俺が社長にしてやった」「俺が一から教え育ててやった」という意識があって当然のことです。事実、河島氏はホンダがまだ町工場同然の頃に入社した「子飼いの部下」でした。

創業者として新社長の「後ろ盾」としてあれこれ注文を付け、院政を敷いてもおかしくはありませんでしたが、本田氏は藤澤氏と共に役員会に顔を出すこともせず、口を出すこともありませんでした。実力派の社長が退任したあと、たとえば会長として役員会に出席すると、参加者の目はほとんどが「会長」にそそがれ、「社長よりも会長の意向」ばかりを気にするケースがほとんどですが、だからこそ本田氏はあえて出席せず、若い経営陣にすべてを任せています。

創業者にありがちな「子ども」も「親族」もホンダに入社させていません。こうした「公私のけじめ」「見事な引き際」があったからこそ、ホンダは今日まで世界企業として成長し続けることができたと言えます。

カネボウから学ぶ「トップに長く居座る」デメリット

経営者にこうした「引き際の美学」があれば、その企業は「権腐10年」から無縁でいることができますし、新しく会社を率いることになった経営陣も「前経営陣」に気兼ねすることなく存分に改革に邁進できますが、実際には多くの経営者にとって自分が率いた企業はいつまでも「目の届く場所」に置いておきたいもののようです。

私が30年近く勤務したカネボウで、社長、会長、終身名誉会長と、約35年の長きにわたって実質上のトップとして君臨した伊藤淳二《いとうじゅんじ》氏はまさに本田氏と真逆の経営者でした。

カネボウは第1章でも触れたように、戦前の繊維産業のトップ企業・鐘淵紡績が前身となります。中興の祖と呼ばれた武藤山治《むとうさんじ》氏の下で多方面に進出して隆盛を誇りましたが、産業構造が変わった戦後は経営困難に陥ってしまいました。労働組合も「赤い丹頂鶴」と言われるほど先鋭化、労使紛争も絶えませんでした。

そんな状態の１９６８年、武藤山治氏の息子・武藤絲治《むとういとじ》氏からトップの座を引き継いだのが伊藤氏でした。ホンダの河島氏と同じ45歳という若さでの就任でした。戦前、日本を代表する企業だった名門カネボウにとって、異例の若い社長の誕生でした。

公平に見て、伊藤氏は、役員時代から社長時代のある時期までは、カネボウのために本当によくがんばっていたと思います。

特に社長に就任した時、「あなたが会社のために何ができるかを考えよ」と社員に呼びかけたのはとても印象的でした。アメリカ第35代大統領ジョン・F・ケネディ氏の有名な演説「国があなたに何をしてくれるかではなく、あなたが国に何ができるかを考えよ」を踏まえたこの言葉は、伊藤氏の持つ若々しさやエネルギーと共に、私たち若手社員に「これからカネボウは変わっていくんだ」という期待感を抱かせるに十分なものでした。

実際、先鋭的労働組合との対立は、伊藤氏が打ち出した「労使運命共同体論」によって沈静化し、労使協調路線が定着していきました。経営難も、やはり伊藤氏が打ち出した「ペンタゴン経営」という多角化経営によって化粧品部門が育ち、大幅に改善しました。化粧品部門は、短期間で業界首位の資生堂に肉薄するほどの成長を遂げ、収益面でも、企業イメージの面でもカネボウを大きく変え、支える存在となりました。

ここまでの伊藤氏の手腕は本当に見事なものでした。ところが、それほどの目覚ましい成果を上げた伊藤氏に社長就任から10年が経った頃からさまざまな変化が出始めました。変化といっても私利私欲に走り、会社を食い物にしたわけではありません。

「会社のために」という姿勢に変わりはありませんでしたが、当初は効果的だったビジネスモデルにあちこちでほころびが出始めたのです。労使運命共同体論は、労使協調路線を重視するあまり、人員削減や配置転換で後手に回る路線になってしまいました。そして華々しかったペンタゴン経営は、繊維部門などが生む赤字を化粧品部門などが支える形になり、事業の見直しを先送りさせる結果になってしまいました。

権力は必ず腐敗する

権力の座に長くいると、どうしてもエゴが出ます。周りにはイエスマンばかりが集まり、マイナス情報も上がってこなくなります。ましてや業績がいいと、「自分が会社に一番貢献している。自分の考えこそが正しい」と考えるようになり、いつしか権力欲と名誉欲に取りつかれていくことになります。結果、最初は冴えわたっていた判断力にも狂いが生じ始め、自分がつくり上げカネボウに成功をもたらしたビジネスモデルを、環境が変わったにもかかわらず変えることができなくなってしまいました。

これは私自身にとって、出処進退の自戒ともなりました。

私はカネボウを辞めた後、ある外資系企業で社長を8年間務めました。1年目で大幅な赤字を黒字化し、その後は右肩上がりで毎年黒字を計上しました。本社からはその後も続投を求められましたが、職を辞しました。理由は、社長としての自分が少しずつ変わり始めていることに気づいたからです。

もちろんそれだけではなく、フランス企業のエリートトップの中央集権的な管理方法に我慢がならなかったことが大きな要因なのですが、それさえ気にしなければ何とも居心地のいい「トップ」という座を辞することができたのは、カネボウ時代に側で見てきた伊藤氏という反面教師の存在があったからだと思います。

伊藤氏は、そのすさまじい能力を、権力の拡大と維持にも存分に発揮しました。ようやく終身名誉会長の職を返上したのは、80歳になってからでした。その間、カネボウは変質し、粉飾決算などさまざまなスキャンダルにまみれていくわけですが、それを引き起こしたのは伊藤氏の直接の指示ではないにしても、伊藤氏が長きにわたってカネボウの権力を握り続ける中で、培われた文化や風土が影響していたと言わざるを得ません。

権力というのは、それが強ければ強いほど腐敗しやすいものです。ホンダで本田氏の跡を継いで社長となった河島氏は、本田氏同様に55歳の若さでトップの座を久米《くめ》是志《ただし》氏に譲った後、権力から離れた名誉職・最高顧問に就任しています。理由を作家・城山三郎《しろやまさぶろう》氏との対談で、こう話しています。

「韓国に『権腐10年』という言葉があります。10年もトップリーダーをやっていれば、下の者がやり方を読んで、マイナスの情報を入れなくなる。知らず知らず組織の悪いところが出てくるようになります。自分が知らないところで『権』は腐っていくと。だから私が社長をしている時に、社長は会長にならないという規則をつくったんです」

イギリスの歴史学者アクトンも同様に「権力は腐敗する。絶対権力は絶対的に腐敗する」と言い切っていますが、だからこそ経営者は、権力が腐敗する怖さを常に意識しておくことが必要なのです。それを忘れて長く権力に居座り、いつまでも「権力者」であり続けようとすると間違いが起こります。

特に若い頃から「いずれ社長に」と言われたような優秀な人物、素晴らしい成果を上げて「エース」と呼ばれた人物、そして社長となって輝かしい成果を上げた人物ほど自らを律することが求められます。

それを忘れて自らの権力に酔い、自らの成果ややり方に固執するようになると、いつの間にかせっかくの「天才経営者」が「天災経営者」に変わってしまうのです。天災経営者は自らが成長させた企業さえ知らず知らずのうちにダメにする、そんな破壊力を秘めているのです。

情報の流れと側近から経営者の力量が見えてくる

伊藤忠商事の社長を務めた丹羽宇一郎《にわういちろう》氏によれば、トップと役員の権力には、歴然とした差があります。いくら役員が「会社をこうしたい」と考えても、最後に決断するのはトップです。社長が「やろう」と言わない限り、どんな案も実行されることはありません。

株主総会や取締役会、社外取締役というチェック機構はありますが、社長が「これは何が何でもやり抜くんだ」という強い意志、厳然たる覚悟を持てば、ある程度は企業を思い通りに変えることができます。それほどにトップの権力は強く、トップの決断一つ、トップの考え一つで、企業の命運も社員の運命も左右することになるのです。

しかも、トップはパナソニック創業者の松下幸之助《まつしたこうのすけ》氏が「重役の７割が賛成するプランは時既に遅く、７割が反対するプランぐらいでやっと先手が取れる」と言っているように、時には周囲の反対を押し切ってでも決断を下すことが求められます。

アマゾンの創業者ジェフ・ベゾス氏は自らのアイデアに反対する社員に「僕がこの会社

のＣＥＯだという証明書を持ってこなければいけないのか」と強行に押し切ることがよくありますが、経営者はたしかに時に孤独な独断専行者であることが必要なのです。

しかし、こうした経営者たちが「英明なる統率者」になることもあれば、時に「誤れる独裁者」になることもあるのは、そこに私心やエゴ、名誉欲、慢心や過信などが入り込み、研ぎ澄まされていたはずの判断力を狂わせることがあるからです。

それを避けるためにも、上に立つ人間には、自らを律する強い倫理観が求められるのです。

優秀でトップにも意見を言えるメンバーを集めているか

しかし、人間というのは弱いもので、ついつい周りにイエスマンや忠犬を置き、都合の悪い情報は遮断し、耳触りのいい情報ばかりを求めるようになってきます。

そしてこれは古今東西変わらないものでもあります。マキャベリの『君主論』にこんな記述があります。

「ある支配者の頭脳を推し量る時、第一になすべきは、彼が身近に置く人間たちを見定めることだ」

「世の宮廷は追従者たちに満ちている。なぜならば人間というものは、わが身のことになれば己を甘やかし、たやすく騙されてしまうので、この疫病から身を守るのは困難である」

「側近を見れば君主の力量が分かる」というのがマキャベリの考え方です。

身近に置く人間が有能で忠実ならば、明君とみなせますが、もしそうでないとすれば、君主の力量を疑うべきです。なぜなら、その程度の人間しか側に置かないということ一つとっても君主は最初の大きな誤りを犯していると言えるからです。

経営者にとって、自分の身近にどんな人間を置くかは、会社の将来を左右する大事と言えます。ＧＥの伝説のＣＥＯジャック・ウェルチ氏はこう言っています。

「優れたリーダーとは、自分が一番バカな人間に見えてしまうような優秀な人たちをチームメンバーとして集める勇気を持つ人たちだ」

ある経営者も、有能だが可愛げのない部下と、可愛げはあるが能力の劣る部下のどちらを選ぶかと言えば、ためらうことなく前者を選ぶと話していました。

リーダーの中には、優秀な人間を集めると、自分の意に反することを言われることもあれば、いずれ自分が追い抜かれて、その地位を危うくするのではと恐れる小心者がいますが、こうしたリーダーはとかく能力もそこそこ、甘いことばかりを言う人間を集めがちです。たしかにその瞬間はとても心地よく、嫌な思いをすることもありませんが、こうした「追従者」ばかりの集団に囲まれていては、かつては優秀だった経営者でさえ、やがては間違った判断を下すことになるのです。

では、どうすればこうした疫病から身を守ることができるのでしょうか。一つはトップに対しても「それは間違っています」と堂々と意見でき、時に苦言を呈することのできる人間をこそ側に置くことであり、常に情報の流れに気を付けることなのです。

下からの情報は伝わってきているか

松下幸之助氏にこんな名言があります。

「社長の考えていることが少しも下に通じない、そういう会社は、概してうまくいっていないようです。また逆に、下意が全然上達していない会社は、さらに良くないと思います」

パナソニック（当時は松下電器）がまだ５００人くらいの会社だった頃のことです。ある日、１人の店員が問屋の主人から、ものすごく叱られました。松下電器製品の評判が悪く、小売店から返品を食らったのです。

「だいたい松下が電器屋をするなどとは生意気だ。電器屋というのは難しい技術がいるものなのだ。こんな品物をつくるくらいなら、焼き芋屋でもやっておけ、それが松下には手ごろな仕事だ。帰ったらおやじにそう言っておけ」

普通はここまでひどいことを言われて、直属の上司に「こんなひどいことを言われました」と報告したとしても、社長にまで話が伝わることはありません。ほめられた話、良い話はすぐに社長に伝わったとしても、悪い話はどこかで誰かがストップをかけるものなのです。ところが、当時の松下はとても風通しが良かったようで、この店員は言われたことをそのまま松下氏に報告し、聞いた松下氏も「それなら近いうちに行って謝っておこう」と言い、実際に問屋を訪問して謝罪しています。

驚いたのは問屋の主人です。まさか「焼き芋屋」がそのまま伝わるとは思わなかった主人は、「腹を立てないでくれ」と言い、松下氏は「これから注意して、なおいいものをつくりますから」と話し、以来、両者はとても親しい仲になったと言います。

経営者がいつも気にするのは自分の指示が下まで伝わっているかどうかという「上意」です。特にカリスマ経営者、ワンマン経営者ともなると、号令一つでみんなが動くことを当たり前のことと信じて疑わないところがあります。

もちろんそれも大切なことですが、上からの指示は伝わっているか以上に、経営者は「下からの情報は自分に伝わっているのだろうか？」ということにも関心を持つべきなのです。

情報は生のまま、悪いものほど早く

「下からの情報」に関してはリコーの二代目社長・館林三喜男《たてばやしみきお》氏にこんな名言があります。「玉ねぎを持ってくる時には、泥の付いたまま、ありままの姿で持ってこい」

いまの時代、店に泥付きの玉ねぎが並ぶことはありませんが、元々は玉ねぎは土の中に埋まっているものですから、掘り出した時には泥も皮も付いたままです。ところが、「情報」という名の玉ねぎを上に上げる時、たとえば社員は課長に報告する際には、玉ねぎの外側の泥を落とし、洗って、切って、根っこを落としてしまいます。課長が部長に報告を上げる時には、さらに外の皮を1枚むき、部長はその次の皮をむいて本部長に報告します。結果、社長のところに報告が上がる時には「玉ねぎではなくラッキョウになってしまう」というのが館林氏の指摘であり、これでは正しい判断ができないから、情報は加工することなく「生のまま」持ってこい、ということでした。

お客さまと接している社員からトップまでの間にいくつもの階層があり、かつトップの周りにいるのがイエスマンばかりになってしまうと、泥付きの玉ねぎどころか、玉ねぎの中でも選び抜いたものや加工したものしか届けられなくなってしまいます。これではいくら経営者が正しい判断をしようとしてもできるはずがありません。

トヨタ式に「バッド・ニュース・ファースト」という言い方がありますが、企業の健全性を測るうえでトップに「悪いニュース」「都合の悪いニュース」がどれだけ素早く伝わるかはとても重要な指標と言えます。

そのためにはトップ自身が「悪いニュース」「都合の悪いニュース」「耳の痛い情報」にも謙虚に耳を傾ける姿勢が不可欠です。

福岡藩の初代藩主・黒田長政《くろだながまさ》は、自らの倫理観を磨くために、「異見会」（腹立てずの会）という会を月に2、3回開催していました。

参加者は家老のほか、思慮ある者、相談相手に良い者など6、7人です。最初に、長政から「今夜は何事を言おうとも決して意趣（恨み）に遺してはならない。他言もしてはならない。腹を立てたりしてはならない。何でも遠慮なく言うように」と申し渡しがあり、それを受けて自由に、長政（トップ）の悪い点、家来（社員）への仕打ちや、国の仕置き（経営方針）で道理に合わないことを遠慮なく各自が述べます。

長政が少しでも怒るそぶりを見せると、参加者が諫めます。決して「トップが激怒したから今日はお開きに」とはしません。この会は非常に益があったようで、長政は遺書で「今後も月に一回は催すように」と書き残したといいます。

大切なのは情報の質・量・流れ

長政が生きた時代、家臣が殿に諫言するということは、切腹を覚悟するほどの大事でした。これではよほど腹の据わった人間でない限り、トップを諫めることなどできません。しかし、それでは周りには殿の言うことに「ご無理ごもっとも」と従う人間ばかりになってしまいます。だからこそ、あえて諫言する会を催し、少しでも下の意見が出やすい藩にしようとしたのが長政の考え方でした。

私がカネボウに勤務していた頃、コンビを組んでいた企画本部長と共に会長や社長に意見具申をしたところ、企画本部長は突然更迭され、私自身も重要な会議からしばしば外されるようになりました。

私も企画本部長も、会社の実態を冷静、かつ正確に把握していたと思います。だからこそ「会社のために」意見を言い、行動したわけですが、それは経営の中枢に集まるイエスマンたちにとって好ましいことではなかったのでしょう。

その企業が健全な組織かどうかを知るには、悪い情報がどれだけ速く正確に伝わるか、またトップの周りにどんな側近が集まっているかを見れば分かります。会社をダメにする経営者は耳触りのいい情報は好んでも、都合の悪い情報は聞こうともしませんし、そもそも上に上がってこない仕組みになっています。

反対に会社を伸ばす経営者はバッド・ニュース・ファーストの大切さを十分に理解し、かつ側に意見してくれる人間を置こうとします。ジャック・ウェルチ氏が言うように自分より優秀な人間、自分に堂々と意見してくれる人間を側に置いてこそ経営者は正しく判断することができるのです。

経営資源というと「人、モノ、金、情報」となりますが、「情報の質と量、そして流れ」は紛れもなく経営者にとって最も大切なものの一つなのです。

「いまが良ければ」と考えるか、「未来のために」と考えるか

企業が粉飾に走る理由の一つは「いまを良く見せたい」という気持ちが強過ぎるからです。経営者の評価は「数字」で決まることが多いだけに、自分が経営者の時にはできるだけ不祥事や業績低迷、ましてや赤字転落といった事態は避けたいというのが本音です。

できることなら増収増益や企業の躍進といった輝かしい成果を上げて、見事な花道を飾りたい、できれば社長を退任した後も企業に強い影響力を持ち続けたいという気持ちがあまりに強過ぎると、しばしば「臭いものにフタをしてでも良い数字を」となり、不祥事を隠蔽したり、問題を先送りしたり、数字を操作するといった経営のゆがみにつながります。

トップの多くは、問題を把握します。問題を起こした企業でしばしば「知らなかった」「報告がなかった」というトップの弁解が行われますが、企業の現場で問題をトップから完全に隠すというのは現実的ではありません。どれほどの危機感を持ったかはともかく、何らかの報告はあったはずですし、「聞いた」ことくらいはあるはずです。

但し、それを泥をかぶってでも解決するかとなると、そこまでの覚悟を持っているトップの数はぐっと少なくなります。放っておくとやがて大問題に発展するという懸念は持っても、問題を表面化させて批判の矢面に立つのは嫌だからと、結局は「先延ばしする」というケースがほとんどです。

こうした間違った判断に対して、トップはしばしば「会社のため」という言い方をします。たしかに「いまだけ」を見れば、問題噴出の企業よりは、問題のない業績のいい企業のふりをする方がいいのかもしれませんが、そこに問題がある以上、いずれ誰かがその問題に立ち向かうことが求められます。

いわゆる「貧乏くじを引く」ことになるわけですが、こうした経営者を見て、問題発覚を上手に切り抜けた経営者はきっとこう思うはずです。

「あいつも運が悪い奴だ。もうちょっと上手にやればよかったのに」

いまだけを見て、「自分さえ良ければ」と問題を先送りするトップは表面的には「優秀な経営者」と評されるかもしれませんが、後年、その問題が表面化した時には「あの時の判断が間違っていた」「あいつが会社をぐちゃぐちゃにした」と評されることになるだけです。

会社をダメにする経営者と、会社の危機を救う経営者の違い、それは「いまさえ良ければ」「自分さえ良ければ」と考えるか、「未来のために」と考えて行動できるかの違いでもあります。

先を見据えて判断する

リーマンショックや世界規模のリコールという危機を乗り越え、巨額赤字に陥ったトヨタを見事にV字回復させた豊田《とよだ》章男《あきお》社長は、ある記者から「何年スパンで経営を考えていますか?」と聞かれて、「30年先くらいかな」と答えています。理由は「自分の孫の代に『じいちゃんの時に滅茶苦茶にされた』というのは絶対に言われたくない」からです。

トヨタは阪神・淡路大震災や東日本大震災の時など、協力会社が被災したりあるいは物流網に問題が生じたりすると、ためらうことなく生産ラインを止めるという決断を行っています。豊田社長の時にも愛知製鋼の爆発事故による鋼材不足で国内生産を１週間停止しています。１週間止めると業績への影響も大きいだけに、中にはすぐに代替品を探してつくればいいと言う人も少なくありませんが、豊田社長は未来のためにはすぐに止めることが最善だったと、こう話しています。

「あの部品は、初期品質はともかく経年品質でどうなるか分からないので、すぐ代替えが利くようなものではない。そうなると、1週間止めるという判断はします。そこで1週間動かしたために20年後にその部品の経年変化で何かが起こったら、責任が取れない。

僕がよく言うのは一輪挿しの花と、根をはわせた花のたとえです。一輪挿しの花を求めているなら、1週間動かした。株主が期待しているような成果を出すでしょう。でも絶対に今回の判断の方が優先順位が高い。いまであれば、株主総会なり決算発表なりで私が矢面に立てますから。説明もできますから、それでいい。ただ、20年後に誰かにそれをやらせるのか。それはつらい。

七十数年前にリーダーズたちがやってきたお陰で、自分が何代目かの社長をやっている。たすきをもらった以上、やっぱりそういう形でたすきを渡したい。だから30年とかそういうタームで見ているんじゃないですかね」

経営者が自らの失態、判断ミスによって責任を問われ、謝罪や辞任に追い込まれるとしたらそれはある意味自業自得です。しかし、不祥事を起こして企業が存亡の危機に立たされたとき、その時の経営者は厳しく責められても、その原因をつくり、問題を隠したり先送りしてきたかつて「功労者」と呼ばれた経営者たちの責任が問われないとしたら、これらの元経営者たちの責任はあまりに大きいと言わざるを得ません。

豊田社長が言うように経営者は「いま」にも「未来」にも責任を負う必要があります。「いま」を乗り越えるために「未来」を犠牲にする判断をするのは、経営者として責任回避であり、いずれは「あの経営者によってこの会社は滅茶苦茶にされた」という事態を引き起こすことになるのです。

未来のために自ら泥をかぶる

経営者であればむしろ「あの経営者のお陰でこの会社のいまがある」と言われたいものです。

リコー創業者の市村清《いちむらきよし》氏はリコー以外にもデパートから航空機給油会社、結婚式場までを創業、「経営の神様」とも呼ばれた有名経営者でした。

そんなリコーが株式市場で「リコーの株券はくず紙同然になる」と言われるほどの危機に陥ったことがあります。理由は市村氏が企業経営以外にもマスコミへの出演、政府関係の審議会出席などで忙しく、本業の危機が正確に伝わっていなかったからでした。偉大なるワンマン経営者も周りに虎の威を借る狐が群がり、悪い情報を伝えなくなると、的確な判断などできなくなるものです。

経営の立て直しには、思い切って無配に踏み切るほかありませんが、無配はマスコミの寵児でもあった「天才経営者」市村氏にとって屈辱以外の何ものでもありません。当初、市村氏はどうしても同意しませんでした。そんな市村氏に決死の覚悟で決断を迫ったのが常務の大植武士《おおうえたけし》氏です。市村氏は最初、「君のような男は辞めてしまえ」と怒声を浴びせますが、それでもひるまない大植氏に、市村氏は最後にこう言います。

「無配の泥は僕がかぶればいいんだな」

以後、市村氏は再建に向けてリコーの仕事一本に打ち込むようになりました。「再建するまでは死んでも死にきれない」という必死の思いが社員に伝わったのでしょう、2年後の1967年には見事に復配を実現しました。

「神様」とまで言われていた市村氏にとって、会社が無配に転落することは大変な屈辱だったはずです。しかし、幸いにも辞職覚悟で進言する人間が側にいて、市村氏自身、最後は「自ら泥をかぶる」覚悟を決めたことで、リコーは危機を脱し優良企業へと成長することができました。

さらに市村氏は、後継者として自分の身内ではなく、館林三喜男氏を選んでいますが、内務省の役人を経て代議士を務めたこともある館林氏の経営経験のなさを危惧する人たちに対して市村氏はこう言いました。

「心配いらんよ。館林君は人間がたしかだから」

言葉通り、館林氏は「社長というのは経営者であると同時に教育者でもなければならない」という信念のもと、リコーのデミング賞への挑戦などを強力に後押しすることで同社をさらなる成長へと導くこととなりました。そして三代目社長に、市村氏に無配を迫った大植氏を選ぶという英断も行っています。

次の代にたすきを手渡す

ここでも経営者の持つ時間軸の大切さと、未来への責任を負うという自覚の大切さがよく分かります。第3章で紹介した伊藤忠商事の丹羽宇一郎氏は在任中、負の遺産を徹底的に整理することで同社の体質を強固なものにしています。さらに社長の最終年にも減損会計を早期適用することであえて赤字を計上しています。

もし減損会計を適用しなければ、丹羽氏は同社をV字回復させ、最終年も黒字決算を計上して花道を飾ることができましたが、それよりも自分が社長をやっているうちにすべての負の遺産を整理して、会社を「きれいにする」ことにこだわっています。「花道」が好きな経営者ならまずやらない決断ですが、その理由をこう話しています。

「自分の花道には興味がありません。ビジネスは勝つか負けるかの世界ですが、一方では、企業は永続性を前提にしたものですから、2年や3年で勝負が決まるものではない。長い目で見た時、強い経営基盤を持った企業が最後に勝ちます。私は、社長の任期六年間で、そのための布石を打ったつもりです」

いまの自分を美しく着飾るよりも、自分の跡を継ぐ人たちが堂々と経営できる会社をつくりたいというのが丹羽氏の思いでした。

トヨタの豊田社長の口癖の一つは「たすきっていうのは手渡すんですよ。放っちゃダメ」です。つまり、経営者に求められるのは問題の先送りをしたり、数字をごまかすなどして、表向きは美しいけれども中身は実はぐちゃぐちゃの会社を、「ああ、俺は無事に駆け抜けた」とたすきを放り投げるように渡すのではなく、自らの責任で問題を解決し、しっかりと布石を打った健全な会社を「あとはよろしく」とたすきを手渡すように引き継ぐことなのです。

もし会社の中身が問題だらけ、ごまかしだらけだとすればたしかに経営者は次のトップ選びにあたっては、こうした問題を公にしたり、前任者の責任を問うような人を選ぶはずがありません。あるいは、万が一問題が公になった場合には、自分たちに代わって頭を下げ、責任を取ってくれるタイプの人をトップに据えようとします。

こんな形でたすきを放り投げられたとしたら、経営者はたまったものではありません。経営者は「いま」だけではなく、「未来」に対しても責任を負うことが求められます。自分が間違った判断や間違ったことをした場合、そのつけを払うのは数年先の経営者であり、そして社員たちなのです。

自分のやっていることは数年後、その時の経営者や社員たちを困らせることにならないか？

「あの時にあの人に滅茶苦茶にされた」とのちのち言われるのではないか？

企業をいつまでも永続させたいと願うなら、「会社のため」に、「いま」最善の判断を行うことが経営者には求められるのです。

「自分で自分を食う」ことができるか

成功した経営者がしばしば陥る誤りの一つに、自らに成功をもたらしてくれた製品やビジネスモデルに固執するあまり、変化に対応することができなくなり失敗をするというものがあります。

第1章で紹介したシャープは液晶であまりに大きな成功をおさめたがために、液晶専用工場に多額の投資を行い、結果、急速に進んだ価格の下落や需要の低迷などによって危機に陥ることとなりました。

同様に第2章で紹介したそごうも地価の値上がりをあてこんだビジネスモデルによって急成長、日本一の百貨店へと急拡大したものの、バブルの崩壊によって地価が急激に下がり多額の負債を抱えることで崩壊への道を辿っています。

両社ともたしかにある時点ではその戦略は素晴らしいものでしたが、どんな優れた戦略も永遠に通用するわけではありません。経営者の力量、それは自社に、そして自らに成功をもたらしてくれた製品やビジネスモデルさえも、時に大胆に否定することができるかどうかで決まってくるのです。

状況が良い時に殻を打ち破る――GEの改革

第1章に登場した東芝の元社長・西室泰三《にしむろたいぞう》氏（１９９６年社長就任）が尊敬し、親しく交流していた経営者にGEのジャック・ウェルチ氏がいます。１９８０年代から１９９０年代にかけてエジソンに由来する名門企業GEを大胆な「選択と集中」によって「世界最強企業」と呼ばれるまでに変身させた「伝説のCEO」としていまも人気がある経営者です。

ウェルチ氏がCEOに就任した当時のGEは、総合電機メーカーとして全米最大の規模を誇っていたものの、コンピュータではIBMとの戦いに敗れて１９７０年代にメインフレームから撤退、１９８０年代初めには家電やハイテク製品の輸出を強める日本企業に追い上げられ伸び悩んでいました。

ウェルチ氏は冷静にGEという企業を見つめます。当時のGEには43もの事業部門と３

５０の事業がありましたが、実際には15の事業が収益全体の90％を稼いでいるにすぎませんでした。それ以外の事業は収益性が低いか、市場での地位が低く、21世紀につながる見通しはありませんでした。

ウェルチ氏はこう決断します。

「市場でナンバーワンかナンバーツーの事業だけで勝負するＧＥにしよう」

これが有名な「ナンバーワン、ナンバーツー戦略」です。ウェルチ氏によると勝ち残る事業は３種類だけです。

①市場でナンバーワンかナンバーツー
②他社と差をつける優秀な技術を持つ
③ニッチ市場で優位性を発揮できる

ウェルチ氏はＧＥの事業をこの基準に従って振り分け、従業員数は44万人から26万人と、大規模なリストラも敢行したものの、ＣＥＯに就任した１９８１年と18年後のＧＥのデータを比較すると、その成果がどれほどのものだったかがよく分かります。

総資産　２００億ドル　↓　２７２４億ドル
純利益　16億５０００万ドル　↓　73億ドル

株式時価総額　１２０億ドル（米国11位）　↓　２０００億ドル（世界1位）

企業は「巨大」であるとか、「名門」であるというだけで生き残ることはできません。変わり続けた者、強い者だけが生き残るというのがウェルチ氏の考え方でした。

しかし、こうした「改革」には強い反対意見があるのも事実です。３位、４位につけて、それなりの利益も出ているのに切られるのは理不尽ではないかという意見もあれば、トースターやアイロンといった米国のほとんどの家庭に行き渡った家電製品をなぜ切り捨てるのかという意見も当然出てきますが、ウェルチ氏はいくら伝統があっても21世紀のＧＥを支えられない事業は大胆に切り捨て、ジェットエンジンや新世代のプラスチック、医療用の画像診断機器など、他社が簡単には真似のできない事業を圧倒的に強くするという道を選びました。

以来、日本企業もウェルチ氏の戦略を後追いすることになりますが、後追い企業とウェルチ氏の違いはＧＥが「状況の良い時に問題を処理した」のに対し、多くの企業は厳しい状況になってから行ったということです。１９９０年代に盛んに各社で行われるようになったリストラについてウェルチ氏はこんな言葉を口にしました。

「状況の良い時に問題を処理しておかなければ、いずれはそれらが自分たちの目の前で爆発する羽目になる。そうなるとどうしても残忍で冷酷にならざるを得ない」

さらに後継者ジェフ・イメルト氏についてこう望みました。

「私がつくった古い殻の一部を破って新しいことを始めてもらいたい。新しいアイデアを持ち込むとはそういうことだ」

経営者がやるべきは「状況が良い時に殻を打ち破る」ことです。危機に陥った時の改革は誰でもやらざるを得なくなりますが、そうではなく良い時、売れている時に殻を打ち破る改革を行ってこそ、その企業は成長し続けることができるのです。

成功をもたらしてくれたものを否定する——アマゾンの改革

ウェルチ氏が行った改革以上に難しいのが自らに成功をもたらしてくれたものを否定するほどの改革を行うことです。こうした改革はアップルの創業者スティーブ・ジョブズ氏が得意としたものですが、アマゾンの創業者ジェフ・ベゾス氏も積極的に行っています。

「コダック・モーメント」という言い方があります。かつては「写真撮影の決定的瞬間」を意味していましたが、2012年にコダックが倒産して以降は「市場が急激に変化する決定的瞬間」を指す言葉になっています。

同社は世界で初めてロールフィルムやカラーフィルムを発売した世界最大の写真用品メーカーでしたが、その大き過ぎる成功ゆえに、せっかく世界初のデジタルカメラを開発しながらもデジタル化の波に乗り遅れたことが倒産につながりました。

まさに「イノベーションのジレンマ」の代表例ですが、同様の失敗をくり返さないように絶えざる革新を続けているのがジェフ・ベゾス氏率いるアマゾンです。アップルが発売したｉＰｏｄはそれまでのＣＤ中心の音楽の買い方や聞き方を一変させましたが、ベゾス氏は同じことが「紙の本」でも起きるのではないかと危惧していました。

アップルによってアマゾンのＣＤ販売は大きな影響を受けましたが、同じようにもしアップルやグーグルが「本のデジタル化」を可能にすれば、アマゾンに成功をもたらしたビジネスは大打撃を受けることになります。アマゾンは「ネットで紙の本を売る」ことで街の書店に大打撃を与えましたが、今度は同じことが自分たちの身に起きるかもしれないという危機感です。

では、どうするか？　ベゾス氏の答えはこうでした。

「人々が愛しているのは紙に印刷された文字ではなく、その内容である」と気づいたベゾス氏は２００７年、電子書籍リーダー「キンドル」を発表、ダウンロードできる本もしっかりと用意することで他社に先行、２０１１年にはアメリカの顧客は紙の本よりも電子書籍を多く選ぶようになっていました。

「紙の本」へのこだわりを捨てたからこその成功でした。こうした決断ができる理由についてベゾス氏はこう話しています。

「企業文化としての私たちの最大の強みは、何かを生み出したら何かが壊れるということを受け入れることができるということです」

そこにあるのは「他人に食われるくらいなら、自分で自分を食った方がまし」という変革への強い意志です。「自分で自分を食う勇気」を持つ者はアマゾンやアップルになれますが、その勇気を持たない者はアマゾンやアップルに食われるしかないのです。

「やめる」「変える」という勇気

このように「変わること」の大切さは誰しも理解できることですが、現実には経営者にとって「変えること」は簡単ではありません。第３章に登場したパナソニックがそうであったように、偉大な創業者がつくり上げた制度を変えることは時に「創業者の否定」ととられることもあり強い反対を受けることになります。

たとえば、創業者がつくり、会社を成長させてくれた事業がいまは不振に陥っていても「やめる」という決断は難しく、創業者がつくった「創業者由来の工場」を閉鎖しようとするとやはり多くの人が反対することになります。これは創業者に限らず、中興の祖にも同じことが言えます。

ましてや創業者や中興の祖が存命中で、人事に強い影響力を持っている場合、経営者にとって「これはやめましょう」と言うのはとても勇気のいることです。やめることは「自分を社長に選んでくれた人」を裏切る行為であり、彼らの顔色を気にするあまり「変えなければ」と思いつつも先延ばしする経営者も少なくありません。

変えてご機嫌を損ねるくらいなら現状維持に甘んじる方がいいということですが、そこにあるのは保身以外の何ものでもありません。

そしてさらに勇気がいるのが、自分が実行し、大きな成果を上げた商品やビジネスモデルを否定することです。ホンダの創業者・本田宗一郎氏に「モデルチェンジは売れている時に」という言葉がありますが、現実には売れている商品は売れなくなるまで売り続けるというのが一般的です。

理由は「売れているものに手を加えて、もし売れなくなったらどうしよう」という恐れからですが、結果、売れ行きが下降し始めてから慌てて手を打っても既に遅く、あとには大量の在庫が残るだけになるのです。

企業経営者が気を付けるべきは知らず知らずに「イノベーションのジレンマ」に陥ってしまうことです。どんな企業も過去の成功があったからこそいまがあるわけですが、かといって過去の成功体験はいつまでもぶら下がっていられるほど盤石なものではありません。大切なのは「変えていいものと変えてはいけないもの」をしっかりと見極め、時に事業や商品、ビジネスモデルを大胆に否定し変えていくことです。

そしてこれができない経営者はたとえ一時期は「時代の寵児」や「中興の祖」として褒めたたえられたとしても、時と共にその輝きを失うどころか企業に災いをもたらす「天災経営者」となり、反対に成功に安住することなく「自分で自分を食う」ことのできる経営者こそが企業を成長させ続けることができるのです。

どんな天才経営者でも「変化」を拒否すればまたたく間に「天災経営者」となるのがビジネスの世界なのです。

「私」の有無が成功と失敗を分ける

ここまで会社をダメにする経営者と伸ばす経営者について見てきましたが、「経営の神様」と呼ばれた松下幸之助氏はその違いについてとても分かりやすい言葉で表現しています。

「同じしっかりしている人で成功する人と失敗する人は、結局はどこが違うのかをさらに煎じつめていくと、失敗する方には『私』というものがあるのですな。一方、成功する人には『私』というものがありません」

松下氏は日本で初めて事業部制を導入したことで知られています。それまで本社に集中していた権限の多くを事業部に委譲する制度です。本社の指示を待つことなく機動性を持った、かつ地域に応じた柔軟な動きができるということでうまく機能すれば大いに成果が期待できますが、反面、その人選を誤ると組織が混乱するというデメリットもあります。

松下氏の人選は、長い経営者人生で概ねうまくいきましたが、それでも時には「あのしっかりした男がなぜ?」と失敗人事も経験しています。その理由を突きつめた結果が先の答えでした。

松下氏によると、決断する時、「自分のため」という気持ちが心の中のどこかにあると、迷って決しかねますが、自分抜きで「全体のため」を考えると、やるべきことが見えてくるというのです。

欲には私的な欲望と公的な欲望があり、後者に徹すれば、素晴らしい成果を上げることができますが、前者が色濃く出てしまうと、第1章や2章で見てきたように最終的には間違った判断を下すことになるのです。

企業が粉飾に走ったり、不正を隠そうとするのは、「会社のため」という理屈を掲げながらも、実は経営者であるトップの「保身」や「名誉欲」が大きく関係しています。「こんな巨額の赤字決算なんか発表できない」「不正を表に出して非難を浴びるのはいやだ」「赤字や不正の責任を負わされたくなんかない」といった「自分可愛さ」から悪事に向かうことが少なくありません。

己を守るか、それとも己を抑えるか。どちらを選ぶかで経営者、そして企業のその後には大きな差が生まれることになるのです。

「社会のために」という考え方――パナソニック・松下幸之助

京セラの稲盛和夫氏など多くの経営者に影響を与えただけに、松下氏にはほかにも経営者として心がけるべき言葉がたくさんあります。

「それが必要であり、やらねばならないことであれば、即刻やる。またやってはならないことであれば、仮に金があってもしない」

企業というのは計画や予算で動くところがありますが、本当にやるべきことがあるにもかかわらず、「予算がないから来年にしよう」では商売は成り立ちません。一方、「お金がたくさんあるから」とあれもこれもやろうとすると、「お金で何でもできる」的な傲慢さに陥りがちです。

何をやり、何をやらないかは、お金があるとかないとかではなく、「何のために」「誰のために」で決めなさいというのが松下氏の考え方でした。

こんな言葉もあります。かつて社内報の座談会で若い社員から「会社をどこまで大きくしたいと考えておられるのですか」と問われた松下氏はこう答えました。

「どこまで大きくするかという答えは、私たちの働きの態度を見て、社会がこれを決めてくれるのです」

松下氏は1956年に掲げた5か年計画で売り上げを4倍にすると発表するなど、企業の成長にかける熱意は相当のものでした。その時、その数字を信じる人はほとんどいませんでしたが、松下氏は「大衆の要望をそのまま数字に表したに過ぎないから必ず実現できる」と信じ、また実現もしています。

企業も人も自分の望み通りに成長できるわけではありません。社会のためにならないと世間が判断すれば、存在を許されなくなる場合がほとんどですし、逆に社会のために懸命に努力をしていれば、たとえ不遇の時代があっても、やがて発展へと向かいます。

松下氏が若い社員に何より伝えたかったのは、企業は「社会の公器」であり、大衆の要望に応えようと懸命に努力すれば、企業はどこまでも成長できるのに対し、大衆を裏切るような行為をすれば、たとえ一時的にごまかすことはできても、必ず世間からしっぺ返しを食うことになる、という「大衆と共にある」企業であることの大切さでした。

「世間のために」と「私」を抑えることができれば、世間が「私」を大きくしてくれるというのが松下氏の考え方でした。

「社徳のある会社に」という意識――トヨタ自動車・奥田碩

松下氏が常に「社会のため」「お客さまのため」を意識したように、トヨタ自動車元社長の奥田碩《おくだひろし》氏も「社徳」を意識し続けています。社長に就任した１９９５年頃にこう話しています。

「私が考えているのは、今くらいのスケールで、売り上げも非常に巨大になって、利益も１兆円ぐらい上げられるという企業ですね。そしてなおかつ、世間の尊敬とか、模範にされるとか、そういう企業をつくり上げられればいいなと思います。世の中の役に立っている企業であれば、いくら巨大になってもいろいろなことは言われないと思いますからね。

今のトヨタだったら、もし１兆円も利益を上げたら、みんなからいろんなことを言われますよ。やはり、企業というのはある程度大きくなると、一つの壁にぶつかりどすんと落ちるんですよね。やはり、『社徳』があるような会社になれればいいなと思います」

松下氏、奥田氏に共通するのは「企業とは」に対するたしかな認識と自覚です。「世界一の投資家」ウォーレン・バフェット氏が「お金は社会からの預かりもの」という言い方をしています。バフェット氏は天才的な投資家だけに80歳を過ぎたいまも世界屈指の投資家であり、世界有数の資産家であり続けていますが、一方で贅沢への関心は驚くほど低く、稼いだお金は家族に遺すこと以上に社会のために使いたいとビル・ゲイツ氏の財団にその大半を寄付すると早くに発表しています。

同様に企業もたしかに経営者や社員の努力によってつくり上げられたものではあっても、そこにお客さまの支持、社会の支持があって初めて成功することができる以上、松下氏、奥田氏が言うように常に「社会のために」「社徳のある会社」という気持ちは持ち続けたいものです。

こうした意識を持ちながら経営をすること、それこそが企業を社会から支持される企業へと育てることにつながるのです。

この時代を生き抜くリーダーとは

かつての高度成長期やバブル景気の時代には、ものは「つくれば売れる」だけに、ほとんどの企業が成長を謳歌することができましたし、社員も終身雇用、年功序列に守られて給与も上がれば、年数が経てばある程度は出世も期待することができました。

もちろんこの時代にも傑出した経営者は何人もいて、こうした経営者に率いられた企業は世界へ向かって大きく羽ばたいていくことになりました。そして並の経営者が率いる企業でさえ成長し、成功を手にしました。

しかしいま、日本企業を取り巻く環境はあまりに厳しいものがあります。ＧＡＦＡと呼ばれるアメリカの巨大テクノロジー企業と、成長著しい中国企業が市場で激しくぶつかり合う中、いまや世界と伍して戦うだけの力を持つ日本企業がどれだけあるのでしょうか。

長く日本経済を引っ張ってきた電機メーカーは東芝やシャープの失敗を経てその存在感は希薄になり、唯一の希望だった自動車業界も日産の失敗によって先行きが見通しにくくなっています。これからの主流となるであろう電気自動車や自動運転においては当然GAFAやイーロン・マスク氏率いるテスラの影響力が一段と強まるだけに、はたして日本の自動車メーカーがどこまで主役になることができるかは予断を許しません。

このような時代、企業が輝かしく成長することができるか、それとも惨憺《さんたん》たる敗北企業となるかはまさに企業の経営者のリーダーシップ如何にかかっていると言うことができます。欧米の企業では、地位が上がれば上がるほど学ぶことに熱心であり、まさに「一生学習の精神」で臨んでいますが、はたして日本のサラリーマン社長たちにそこまでの気概があるかどうかは大いに疑問です。

しかし、これでは厳しい世界市場の中で日本企業が勝ち残っていくことなどできるはずもありません。はっきり言って、不祥事など起こしている場合ではないし、問題を先送りしている余裕などないのです。

いまこそ経営者には「世界と戦うリーダー」としての自覚が求められます。私は、リーダーシップを「自分の言葉でビジョンを語り、自他共にポジティブな影響力を発揮する行為」と定義し、リーダーシップの目的は、「最終的に、成果に向かってフォロワーが自ら主体的に喜んで行動すること」と説いています。すなわちリーダーシップとフォロワーシップとはパートナーシップであり、リーダーとは役職ではなく、人望や個人の魅力によってフォロワーに真の影響力を与える人なのです。

リーダーに求められる5つの要諦

私はリーダーに必要な５つの要諦を次のように定義しています。

1、ビジョン力（夢・高い志）
リーダーとして社員に感動を与えられているビジョンを発信していますか？
2、戦略力
リーダーとして夢を達成するための道筋を立てていますか？
3、人を巻き込む力
リーダーとしてみんなを納得させ、一つの目標へ一丸となって行動させることができていますか？
4、実行力

リーダーとして言うだけでなく行動することで成果を上げていますか？

5、人間力

リーダーである前に人間として確立された自己（不屈の精神、情熱、謙虚さ、責任感、思いやりなど）と、高い倫理性（品性、品格など）が備わっていますか？

なぜこの5つが必要なのでしょうか。

たとえビジョンや戦略を立てたとしても、人を巻き込むことができず、ビジョンや戦略が末端まで浸透しなければ成果を上げることはできません。社員のベクトルを合わせることができなければ、みんながバラバラな方向に向かうため、せっかくの努力も成果にはつながりません。社員には法令順守を厳しく説きながら、自らは不正を働き、法律を法律とも思わないリーダーを社員は信じることはできません。

あるいは、失敗は部下の責任、良いことは自分の手柄にするリーダーのために、社員が命を預けることはできません。企業が成功するかどうか、それはリーダーの在りようで決まります。だからこそ、企業を率いる経営者はこれら5つの要諦を学び、常に「自分はできているか？」と問い続けることが大切なのです。

確固たるビジョン・価値観を持つ

世界と戦う経営者に求められるのは、「自分はどんな企業をつくりたいのか」という明確なビジョンであり、そのビジョンや価値観をしっかりと守り続けることです。

アップルの創業者スティーブ・ジョブズ氏は若い頃から「世界を変えるほどのコンピュータをつくる」ことを公言し、事実、アップルⅡやマッキントッシュによってコンピュータの世界に革命を起こしています。

結果、創業からわずか数年でアップルを上場企業へと育て上げています。弱冠25歳でした。しかし、30歳の時に自らがスカウトしたＣＥＯのジョン・スカリー氏によってアップルを追放されています。

その後、アップルはスカリー氏の下で躍進の時代を迎えるわけですが、その時代は長く続かず、ジョブズ氏が暫定ＣＥＯとして復帰（当時42歳）した頃にはアップルは「倒産か身売り」しかないという惨憺たる状況に追い込まれていました。

わずか10年足らずで世界に革命を起こした企業は惨めな敗残者となっていたのです。しかし、そんなアップルをジョブズ氏は見事に再生したばかりか、ｉＰｏｄやｉＰｈｏｎｅなどの大ヒットによって世界最強企業へと復活させたのですから、その経営手腕たるや驚くべきものがあります。

ジョブズ氏がいなくなったあとのアップルと、復帰したあとのアップルについて、ジョブズ氏は「価値観の違い」を挙げています。

ジョブズ氏を追放したジョン・スカリー氏はペプシコーラのトップとして辣腕を振るった経営者です。たしかにマーケティングにおいては見事な経営者であり、事実、アップルはスカリー氏の下で世界一のパソコンメーカーに輝いてもいます。

しかし、そこにはジョブズ氏が追い求めていた「世界最高のパソコンをつくって世界を変える」というビジョンが抜け落ちていました。スカリー氏はジョブズ氏がつくり上げたマッキントッシュの改良版を次々と出すことで売り上げを伸ばし、利益を上げることには卓越した才能を発揮しましたが、いかんせん「すごいコンピュータをつくる」才能も関心も持ち合わせていませんでした。

結果、アップルからはすごい製品をつくる力は失われ、ただのコンピュータの販売会社となってしまったのです。社内で出世するのも営業やマーケティングの人間ばかりで、すごい製品をつくりたいという人はその居場所を失っていきました。やがてアップルからは「魅力」が消え、マイクロソフトが支配する世界でどんどんシェアを落とし、会社も危機に陥ることになったのです。

復帰したジョブズ氏がやったのはアップルに「すごい製品をつくる力」を取り戻したことです。スカリー時代をジョブズ氏はこう指摘しています。

「問題は、急速な成長ではなく、価値観の変化だったんだ」

初期のアップルに成功をもたらしたのは「世界を変える」ほどの革新的な製品でした。にもかかわらず、スカリー氏によって最も大切なものが「製品」ではなく「金儲け」に代わったことによってアップルは魅力のない企業となり、凋落したというのがジョブズ氏の見方です。

もしスカリー時代に売り上げや利益を抑えてでも優れた製品開発のために人や資源を投入していれば、アップルは危機に陥ることはなかったし、シェアも広げることができたはずですし、あれほどの危機に陥ることはなかったとジョブズ氏は見ています。

こう振り返っています。

「原動力は製品であって利益じゃない。スカリーはこれをひっくり返して金儲けを目的にしてしまった。ほとんど違わないくらいの小さな違いだけど、これがすべてを変えてしまうんだ。誰を雇うのか、誰を昇進させるのか、会議で何を話し合うのか、などをね」

企業における利益の大切さをジョブズ氏は否定しているわけではありません。かといって、利益第一になると、優れた製品をつくりたいという人間は去り、優れた製品をつくる力も衰えていくのです。企業にとって目に見えない「価値観」をいかに守り抜くかは企業の命運を左右する重大事なのです。

価値観を共有できる社員を集める

「価値観を持ち合わせていない人たちは成績はどんなに立派でも辞めてもらう」はGEの伝説のCEOジャック・ウェルチ氏の言葉です。ウェルチ氏は徹底した「選択と集中」で知られていますが、一方で企業で働くマネジャーに関しては「数字」とは別に「価値観」を共有できているかどうかを重視しています。

ウェルチ氏によるとマネジャーは4つのタイプに分かれます。

タイプ1、業績目標を達成し、かつGEの価値観を共有しています。
タイプ2、業績目標を達成できず、かつ価値観も共有できていません。
タイプ3、業績目標は達成できていないが、価値観は共有しています。
タイプ4、業績目標は達成しているものの、価値観は共有できていません。

タイプ1には明るい未来があり、タイプ2は会社を去るほかはありません。タイプ3には何度かチャンスが与えられますが、タイプ4についてはウェルチ氏は「タイプ4のマネジャーを抱えておくだけの余裕はない」と言い切っています。

つまり、企業にとって何より大切なのは働く社員みんなが同じ価値観を持ち、ビジョンの実現に向かって懸命に努力することなのです。もしこうした価値観を共有できないのなら、そんな人間はどんなに業績が良くても共に働くには値しないというほど、経営者にとって価値観やビジョンは大切なものなのです。

こうした考え方はアマゾンのジェフ・ベゾス氏もしばしば口にしています。

ベゾス氏は、理想とする企業文化の実現を目指して企業を立ち上げ、そのために早い段階から自らの理念に共感する、優れた人材の採用にこだわり続けています。こう話しています。

「企業文化は30％が起業家が心に描いた通りの姿、30％が初期の社員の質、残りの40％は偶然の作用の混合文化です」

起業家であれ、選ばれた経営者であれ、大切なのは明確なビジョンを持ち、それを浸透させていくことです。そしてこのビジョンが正しく、かつみんなに共有されれば企業は成長し、間違ったビジョンを掲げたり、ビジョンの浸透ができない企業は敗北の道を歩むほかないのです。

ビジョン実現への道筋を示し、社員を巻き込む

リーダーにはみんながわくわくするようなビジョンを掲げる力が求められますが、ここで問題なのはその掲げたビジョンをはたして本当に実現できるのかという点です。

アメリカのドナルド・トランプ大統領が選挙戦や著書の中でしばしばこんなことを言っていました。

「『これからするつもり』のことでは評判は築けない。実行に移さなければならない」

「あなたは誰を雇うだろうか？　自分の計画通りに事を進めると口約束する男か、それとも過去に何度も自分の能力を証明してきた男か？」

多分に前大統領のバラク・オバマ氏を意識した発言とも思えます。たしかにオバマ前大統領の語る言葉は美しく、人々に大きな希望を持たせてくれましたが、はたしてその言葉はどれだけ実現したのでしょうか。

かといってトランプ大統領のやり方が正しいということではありませんが、たしかに世の中には壮大なビジョンを口にする人や、すべての難問を解決してバラ色の未来をつくってみせると約束する人がいます。時に彼らは大きな注目を集めますが、はたしてそのうちの何人が約束を果たすことができるのでしょうか。

スティーブ・ジョブズ氏やジェフ・ベゾス氏、イーロン・マスク氏は、登場した頃や若い頃は「ビジョンだけを語る若造」と見られていましたが、彼らはその類まれな実行力によってビジョンを形にすることに成功しています。

同様にホンダの創業者・本田宗一郎氏も、まだホンダが町工場くらいの規模しかないにもかかわらず、「イギリスのマン島レースに出場して世界一になろう」と無謀な夢をぶち上げています。

レース出場、優勝宣言は業界では「身の程知らず」と物笑いの種になりましたが、本田氏自身は本気でした。なぜそんな目標を掲げたのかという理由をこう話しています。

「チームが本気になるというのは、みんながそれを本当に自分の問題として捉えることなんですね。つまり、ここでこけたら自分もダメになると思うことです。そうなると敵の存在というか、戦いの目標が決まる。リーダーシップとは、その目標をはっきりと見せてやることなんですね」

この指示を受けたホンダマンはこう誓ったと言います。

「やるっきゃない。これをやり遂げなければ俺の生きる道はない」

本田氏の考え方はいつだって「明日の約束」をすることです。こう話しています。

「明日のことを言うやつはバカだと言うけど、そうじゃない。明日の約束をしないやつに、希望は湧いてこないんです」

本田氏はリーダーとしていつも「明日の約束」、壮大なビジョンを掲げますが、そのビジョンこそが若きホンダマンたちを奮い立たせ、「わがこと」として本気の挑戦を後押しすることになったのです。

経営者に求められること、それは壮大なビジョンを掲げるだけでなく、「どうすればビジョンが実現できるのか」という戦略を立て、社員を本気にさせていく力なのです。では、そのためには何が必要なのかというと、ジャック・ウェルチ氏が優れた経営者に必要な資質として「4つのEと1つのP」を挙げています。

1、活力（Energy）

自分自身が活力に溢れている。

2、活性化力（Energize）

目標に向かって、周りの人間の活力を引き出せる。

3、決断力（Edge）

難しい問題で「イエス」「ノー」をはっきりさせるだけの力がある。

4、実行力（Execute）

言ったことを常に成し遂げる。

5、情熱（Passion）

情熱を持ち、情熱の伝播力を持っている。

当初、ウェルチ氏は1〜3の「E」を考えていたと言いますが、組織のリーダーには自分にエネルギーがあるだけでなく、他人のエネルギーを引き出す力が必要だと気づきます。しかし、しばらくするとそれだけでもダメで実行力を持ち、さらに「4つのEを結びつけるP」があって初めて素晴らしい成果を上げられると気づいたというのです。

リーダーは、ビジョンを掲げることに加え、戦略を立て、みんなを巻き込んでいく類まれな実行力を欠くことができないのです。

「人気」ではなく「人望がある」

私は時々「リーダーシップの優劣が分かる企業の明暗」というタイトルで講演しますが、最後はいつも「経営とは、つまるところトップ経営者の倫理観・品性に尽きる」という言葉で締めくくっています。

一体、品性・品格とは何でしょうか。

品性とは「道徳面から見た性格。人柄」、品格とは「品性。気品」、気品とは「気高い趣、品の良いさま」となりますが、一方、品性のない人というのは、たとえば知事という公人でありながら高額の海外出張や政治資金の私的流用、公用車の私的利用といった「公人」としての自覚を欠く行為などは「品性のかけらもない」と言うことができます。

また、最近では若手の注目経営者が人気女優と恋人気取りでプライベートジェットで旅行に出かけ、高額な美術品を買い求め、一般の人にお金を配るといった行為によって注目を集めましたが、こうした行為を見てはたして社員はどんな気持ちを抱いたのでしょうか。投資家たちは大切なお金を預けるに値する経営者と判断したのでしょうか。

こうした人たちが時に勘違いするのが「人気のある人」を「人望のある人」と同一視することです。「人気」というのはふわふわとした一時的なものであり、とても移ろいやすいものですが、一方の「人望家」というのはたとえば西郷隆盛《さいごうたかもり》のように、醸し出される人徳によってぐいぐいと人をひきつける人のことを言います。よく言われることですが、部下が「この人のためなら」「この人の言うことなら」とまさに命をかけることのできるほどの人が、本当の人望のある人なのです。

反対に人気者というのは一時的に持ち上げられても、ちょっとした問題が起きただけで潮が引くように人気が失せ、まるで高いところから下に叩き落とされるような経験をすることがしばしばです。

経営者に必要なのは「人気」ではなく「人望」であり、「人望家」であって初めて部下は、その掲げるビジョンの実現に向けて一丸となって突き進むことができるのです。

日々自省し人格を磨き続ける

「人望家」であるために参考にしたいのが、日露戦争で活躍した東郷平八郎《とうごうへいはちろう》元帥が実践した「五省」です。次の言葉を常に意識することです。

一、至誠にもとるなかりしか？

誠心誠意、道理に背くことなく、真心を持って自分にできることをやったか？

二、言行に恥づるなかりしか？

他人をけなしたり蔑んだり、嘘をついたりせず、真心で人に接して、自分に恥ずかしい言動はなかったか？

三、気力に欠くるなかりしか？
何事をするにも気力を充実させ、力いっぱいあたったか？
四、努力にうらみなかりしか？
骨惜しみや力の出し惜しみをしていないか、不満を持っていないか、常に実力一杯がんばったか？
五、不精にわたるなかりしか？
物事を投げやりにしていないか、怠け心を起こさなかったか？

東郷平八郎は江田島兵学校で用いられていたこの5省に基づき、若い頃は自分に問い続けていたと言います。「おしゃべり」を自戒してその後は寡黙に努め、後年「沈黙の総督」と言われるまでになりました。

しかし連合艦隊司令長官として日露戦争を勝ち抜き、軍神と崇められ、神格化された東郷は、晩年は老害と化し、太平洋戦争敗北の遠因になったと言われます。

晩年の東郷をここでは論じませんが、なぜそうなったのかは極めて興味深いものがあります。

スティーブ・ジョブズ氏は若い頃から鏡に映る自分の顔を見ながら、「今日が最後の日なら今日やろうとしていることをやりたいか？」と問いかけることで日々を充実したものにしようと努力しました。あるいは、ある有名なサッカー選手は一日が終わった夜、鏡に向かって「自分はチームのために精一杯がんばったか？」と問いかけることを日課にしていたと言いますが、同様に経営者は一日を振り返って鏡に向かってこの「五省」を問いかけてみてはいかがでしょうか。

もしそこに自信を持って「イエス」と言えないことがあったとすれば、すぐに行いを正すことが必要ではないでしょうか。

これまで見てきたように「企業の良し悪しは経営者によって決まり」ます。かつてのみんなが成長できた時代であれば、平凡なサラリーマン経営者でも良かったのかもしれませんが、今日のような世界市場で勝ち残っていくためには力量のある経営者であることが絶対条件となります。

だからこそ経営者は生涯学び続けるだけでなく、人格を磨き続けることが大切なのです。経営者は経営を託された存在です。自らの考えで企業をしっかりと運営していく一方、企業の歴史に学び、創業の志を受け継ぎ、そして新たなものを付け加えることで次の経営者にしっかりとたすきを受け渡すことが求められます。間違ってもたすきを放り投げたり、渡し損ねることがあってはなりません。

すべての社員の中で経営者はいつだって最もよく学び、よく実行し、そして自らの行いについて最も自省的であらねばならないのです。そんな経営者に率いられて初めて、企業は成長することができるのです。

参考文献

本書の執筆にあたっては、次の書籍・雑誌を参考にさせていただきました。いずれも大変な労作であり、学ぶところが多かったことに感謝します。
本書の執筆と出版にはさくら舎の古屋信吾さん、猪俣久子さん、中越咲子さん、および桑原晃弥さんにご尽力いただきました。あわせてお礼申し上げます。

『巨大倒産』有森隆著　さくら舎
『粉飾の論理』高橋篤史著　東洋経済新報社
『会社は頭から腐る』冨山和彦著　ダイヤモンド社
『巨額粉飾』嶋田賢三郎著　新潮文庫
『中内㓛のダイエー王国』大下英治著　現代教養文庫
『東芝の悲劇』大鹿靖明著　幻冬舎文庫
『カリスマ　中内㓛とダイエーの「戦後」〈上・下〉』佐野眞一著　新潮文庫

参考文献

『人は仕事で磨かれる』丹羽宇一郎著　文藝春秋
『中村邦夫「幸之助神話」を壊した男』森一夫著　日本経済新聞社
『人間発見　私の経営哲学』日本経済新聞社編　日経ビジネス人文庫
『トヨタ新現場主義経営』朝日新聞社著　朝日新聞出版
『1分間ジャック・ウェルチ』西村克己著　SBクリエイティブ
『1分間松下幸之助』小田全宏著　SBクリエイティブ
『浜田広が語る「随所に主となる」人間経営学』浜田広・大塚英樹著　講談社
『君主論』マキアヴェッリ著　河島英昭訳　岩波文庫
『世界の名将　決定的名言』松村劭監修　PHP文庫
『ジェフ・ベゾス　アマゾンをつくった仕事術』桑原晃弥著　講談社
『スティーブ・ジョブズ　世界を興奮させる組織のつくり方』桑原晃弥著　朝日新聞出版
『本田宗一郎　こうすれば人生はもっと面白くなる！』一ノ瀬遼著　成美文庫
『常に時流に先んずべし　トヨタ経営語録』PHP研究所編　PHP研究所
『ザ・ラストバンカー　西川善文回顧録』西川善文著　講談社
『週刊ダイヤモンド』2018.12.15

『日経ビジネス』2018.7.9

著者略歴

兵庫県神戸市に生まれる。慶應義塾大学経済学部に入学後、スタンフォード大学経済学部へ交換留学生として渡米し同大学を卒業。帰国後に慶應義塾大学を卒業。株式会社カネボウに入社し、営業に25年間従事し、企画部長などを務める。ハーバード・ビジネススクールＡＭＰ（高等経営者講座）修了。１９９５年にカネボウを退社、外資系企業日本法人の社長を経て、１９９８年にガンガー総合研究所（ＧＲＩ）を設立。慶應義塾大学ビジネススクール特別研究教授、中国の西北工業大学客員教授などを歴任。

２０１１年には一般社団法人グローバル・リーダーシップ・コーチング協会を設立。

著書には『できるビジネスマンは瞑想する』（ＰＨＰ文庫）、『どんな時にも成果を出すリーダーが磨き続ける5つの要諦』『あなたの働き方・生き方革命』（日本生産性本部 生産性労働情報センター）などがある。

巨大企業危機《きょだいきぎょうきき》
――「権腐《けんぷ》10年《ねん》」の法則《ほうそく》

二〇一九年九月八日　第一刷発行

著者　藤井《ふじい》義彦《よしひこ》
発行者　古屋信吾
発行所　株式会社さくら舎　http://www.sakurasha.com
東京都千代田区富士見一-二-一一　〒一〇二-〇〇七一
電話　営業　〇三-五二一一-六五三三　ＦＡＸ　〇三-五二一一-六四八一
　　　編集　〇三-五二一一-六四八〇　振替　〇〇一九〇-八-四〇二〇六〇

装丁　石間　淳

印刷・製本　中央精版印刷株式会社

ISBN978-4-86581-215-2